This Book Belongs
To:

BONUS

Get your Free 50 Coloring Pages

On the Last Page!!

HOW TO DRAW BEAR

YOU DRAW

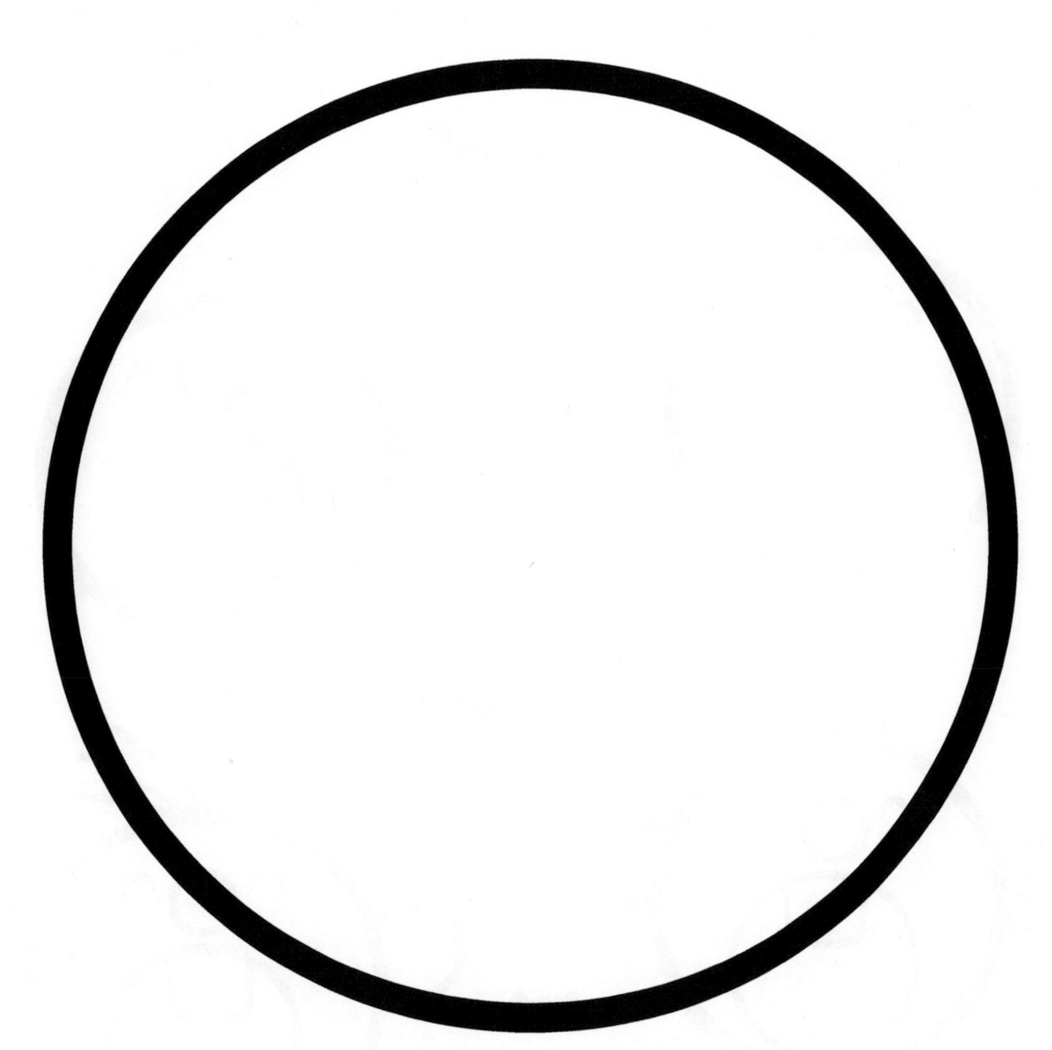

HOW TO DRAW BOY

YOU DRAW

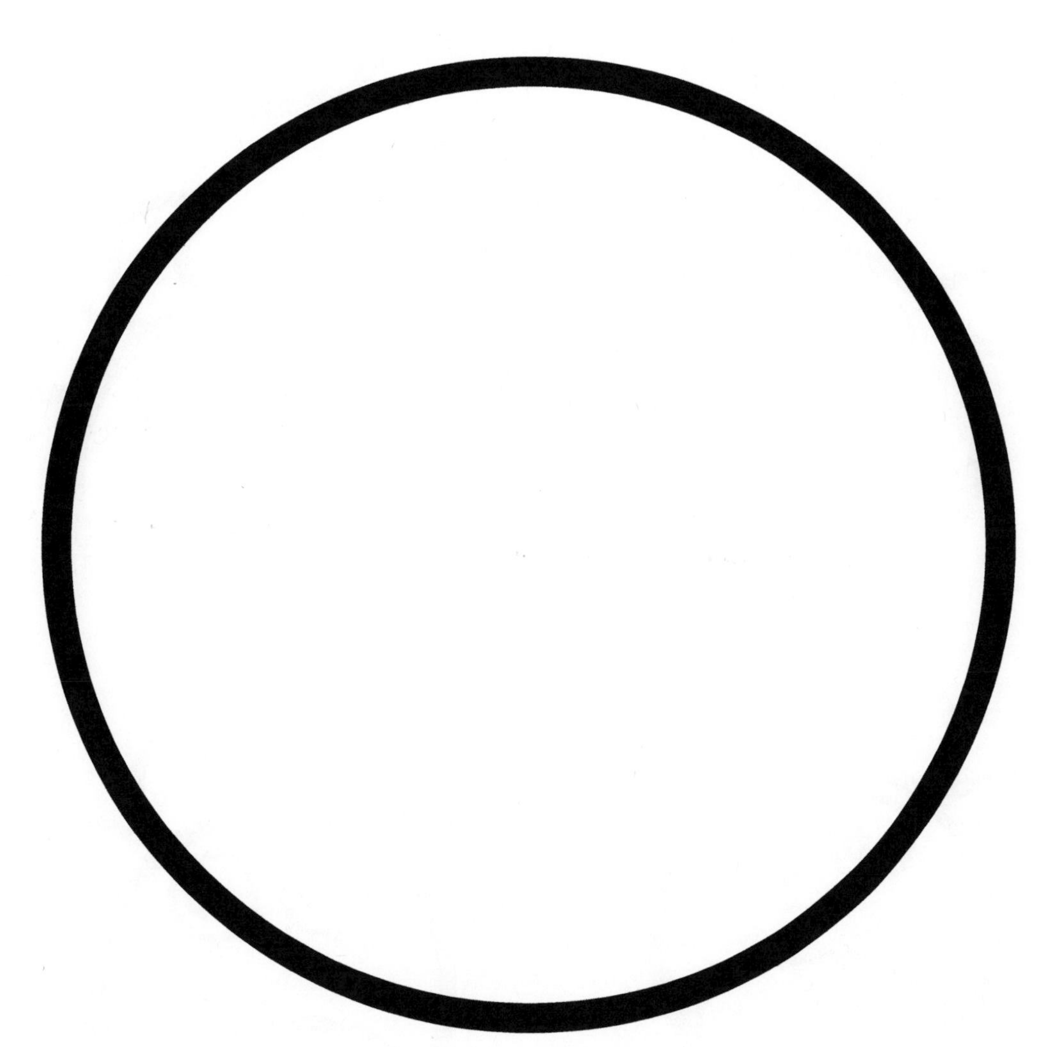

HOW TO DRAW BULL

YOU DRAW

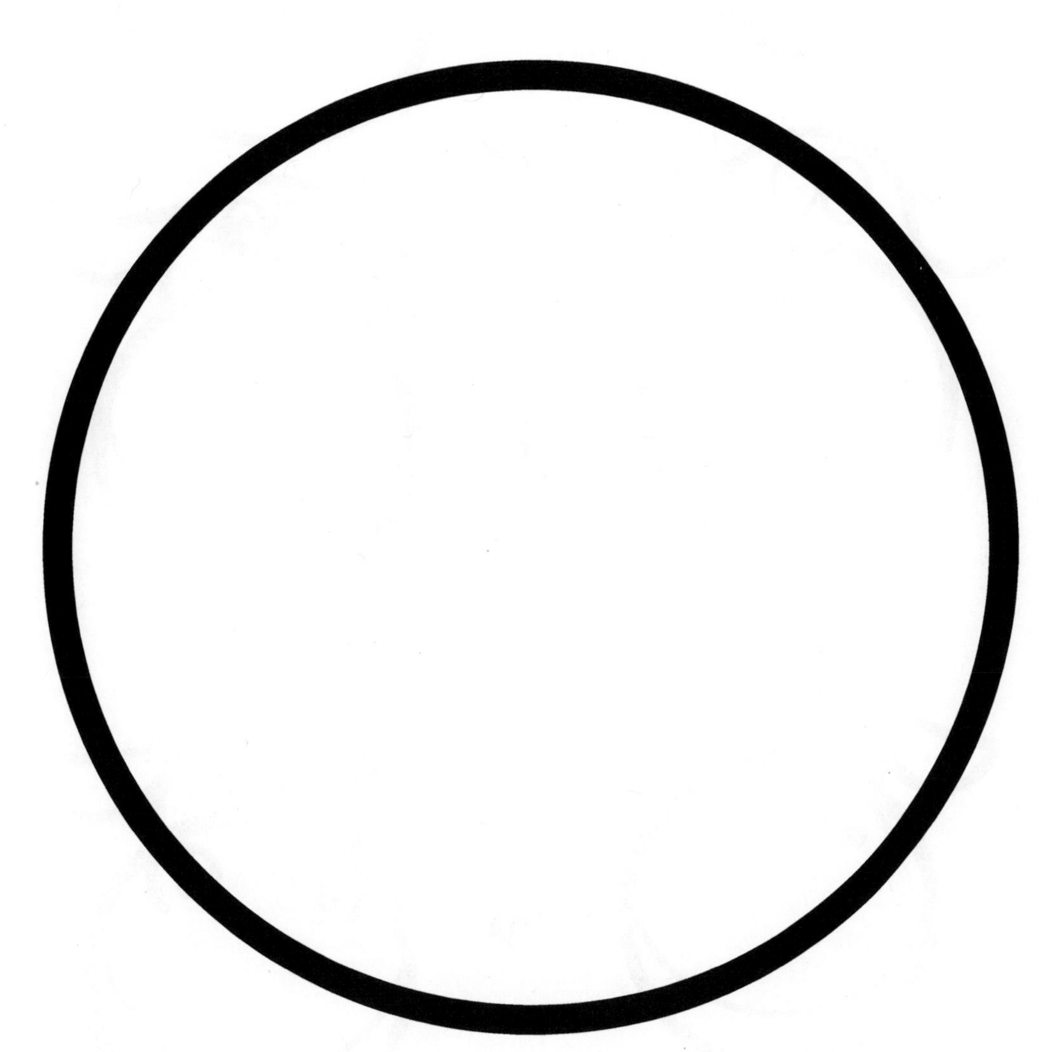

HOW TO DRAW BULL

YOU DRAW

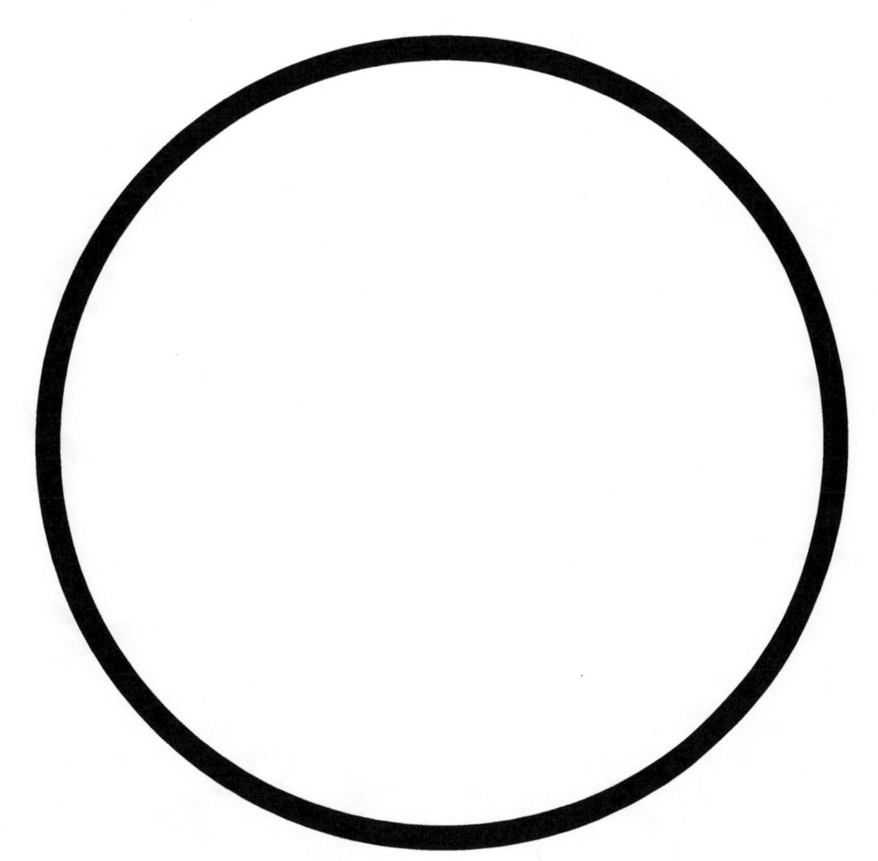

HOW TO DRAW CAT

YOU DRAW

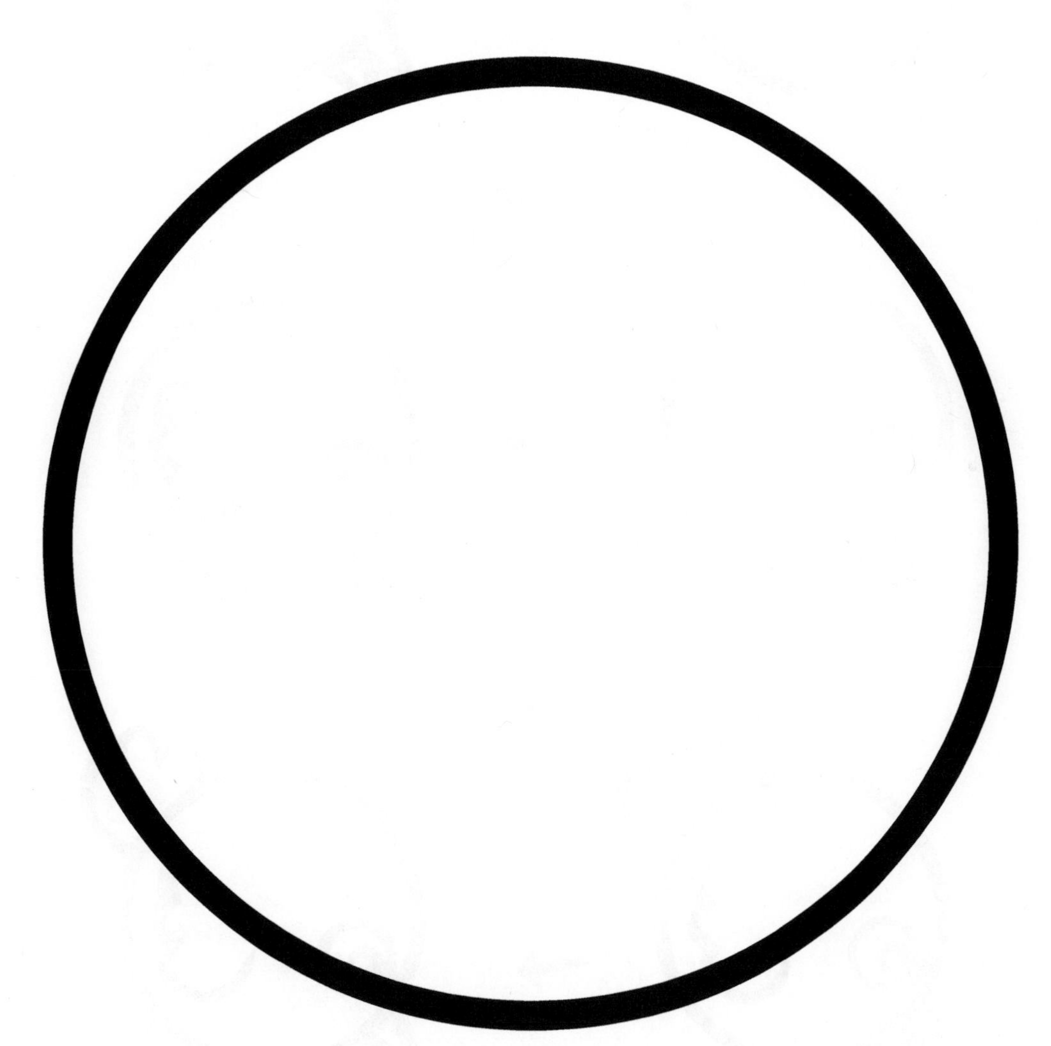

HOW TO DRAW CHICKEN

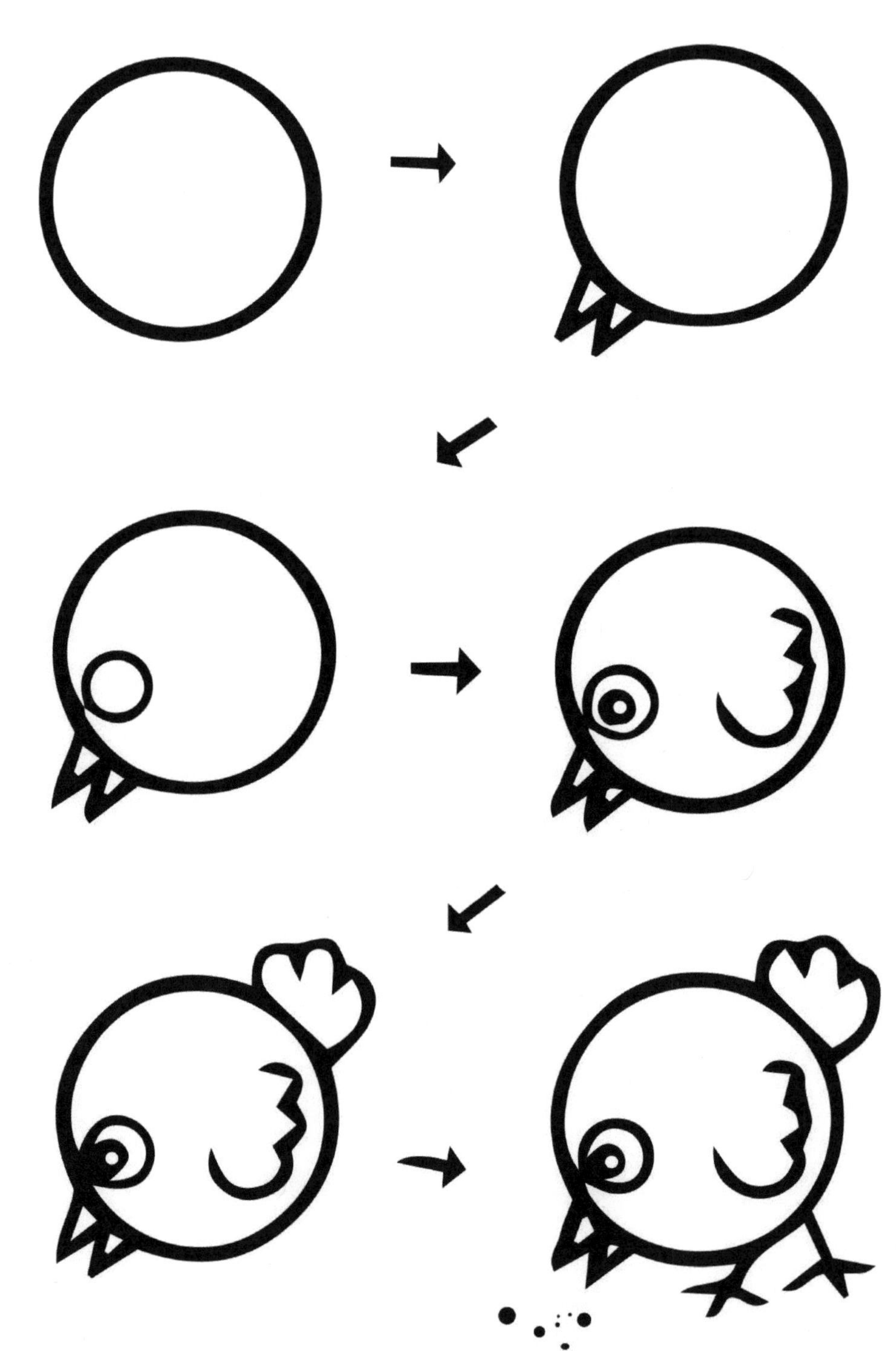

YOU DRAW

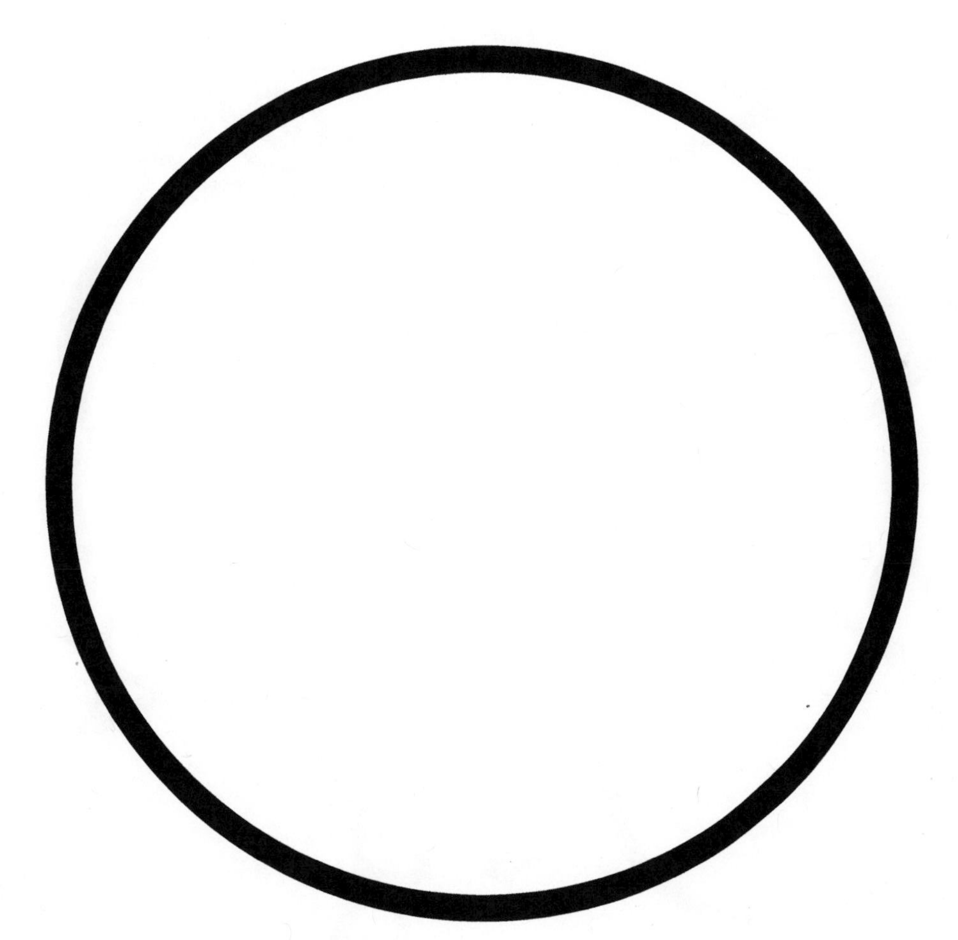

HOW TO DRAW CRAB

YOU DRAW

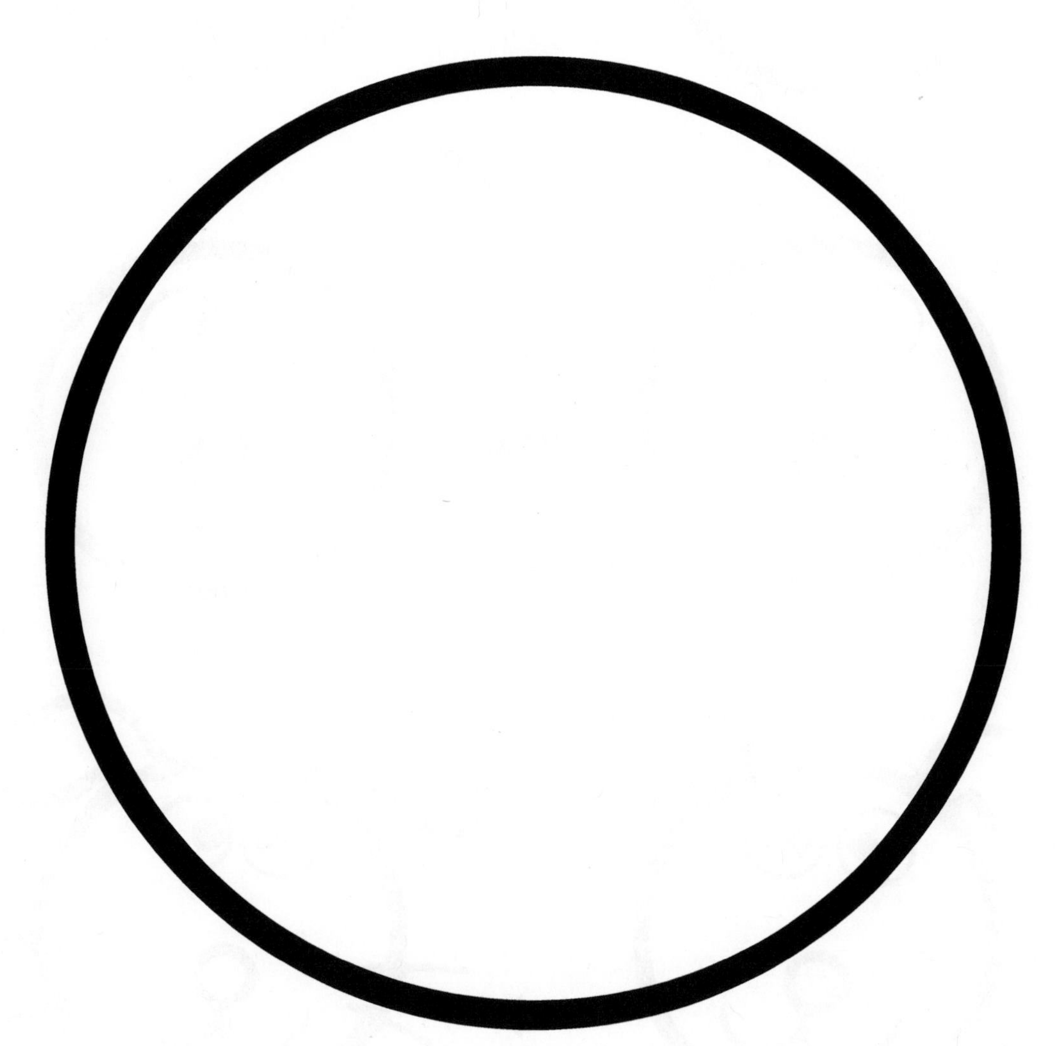

HOW TO DRAW DOG

YOU DRAW

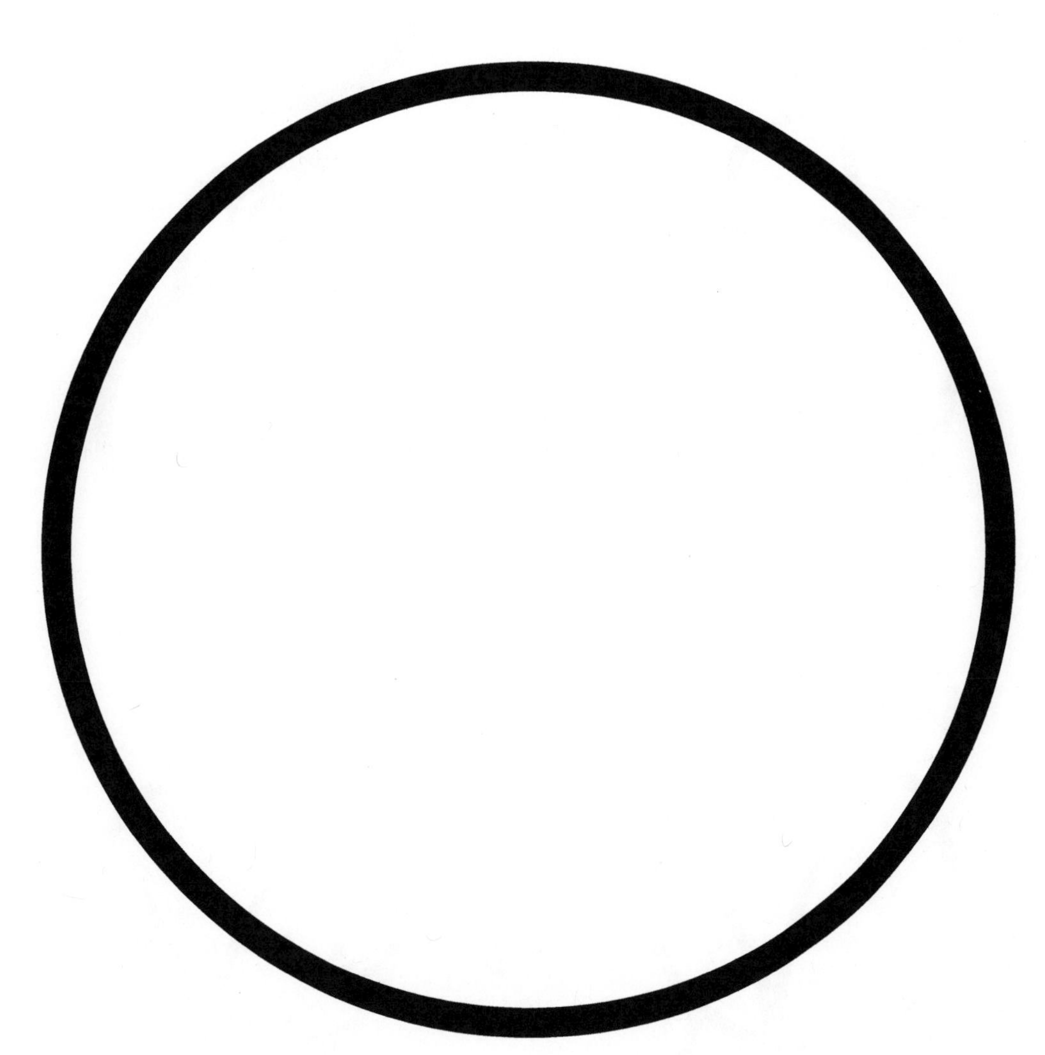

HOW TO DRAW EAGLE

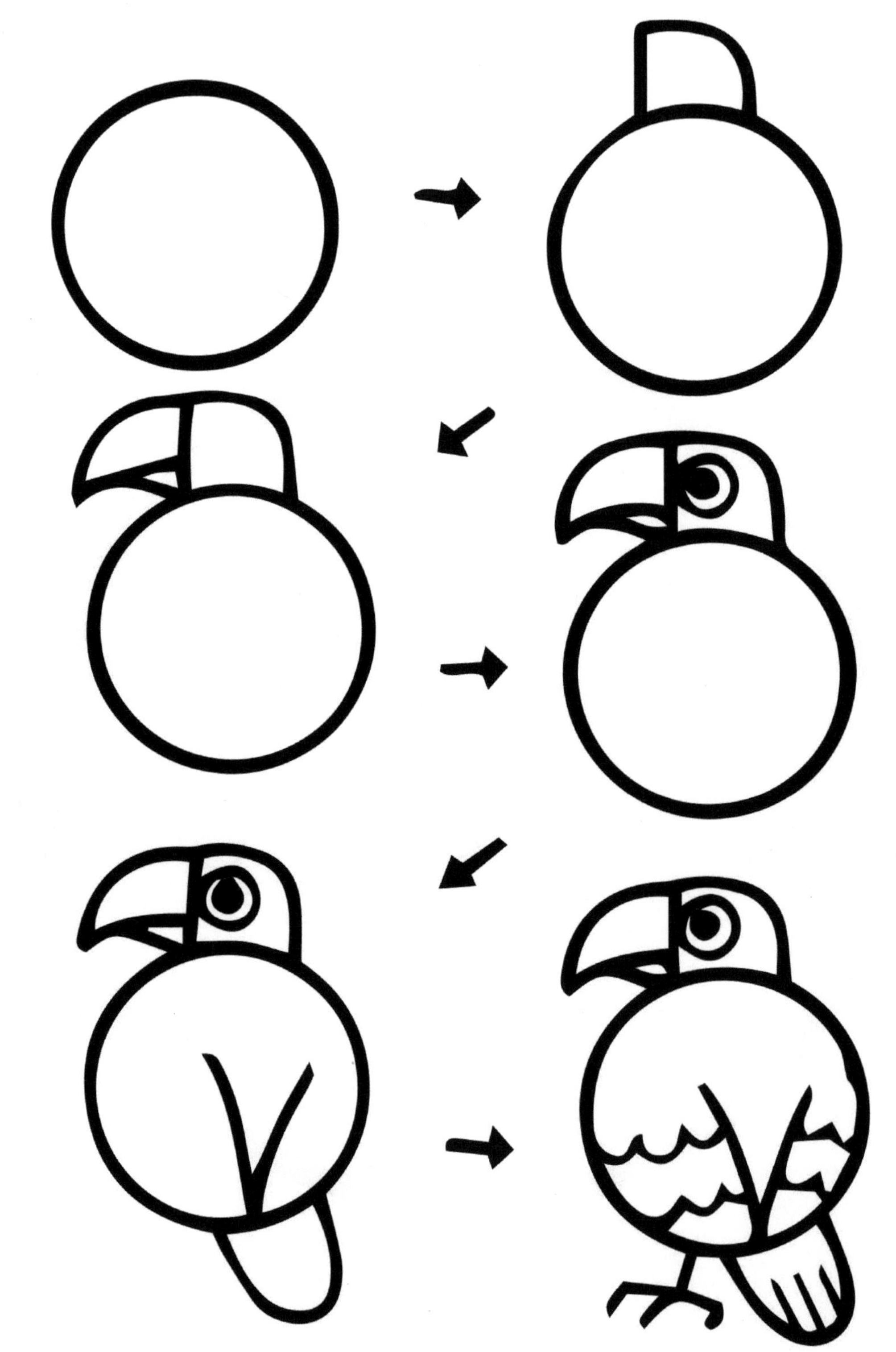

YOU DRAW

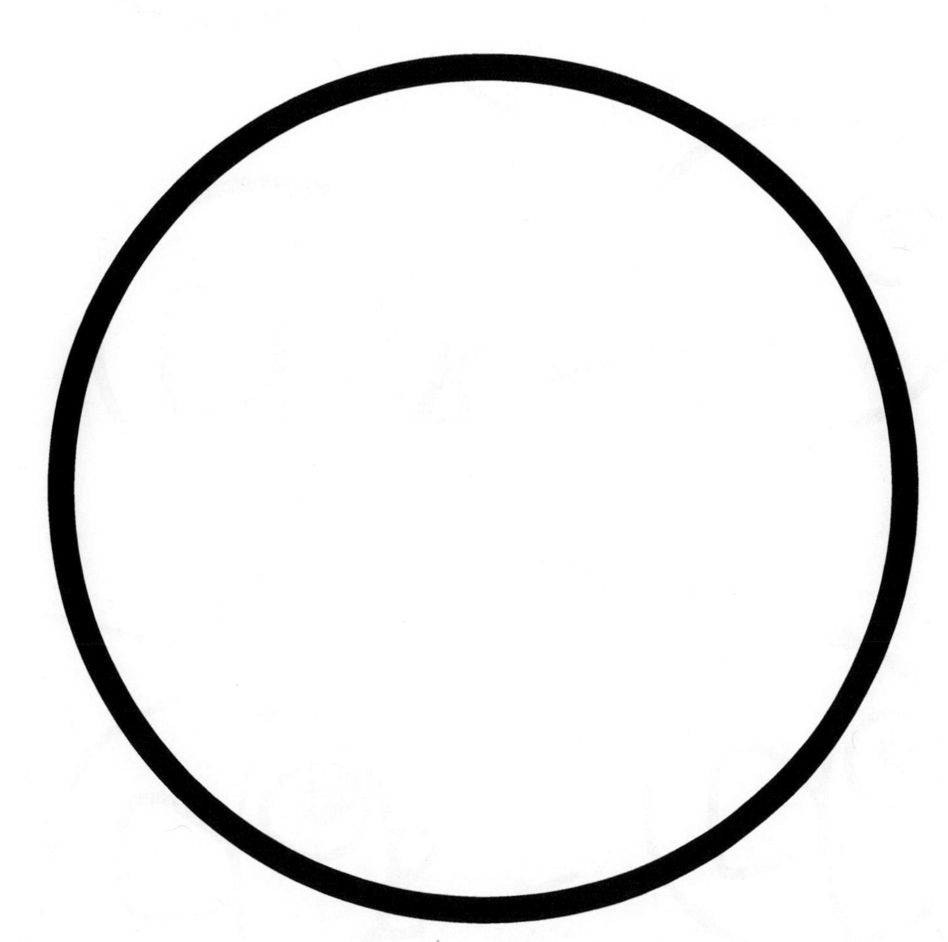

HOW TO DRAW FISH

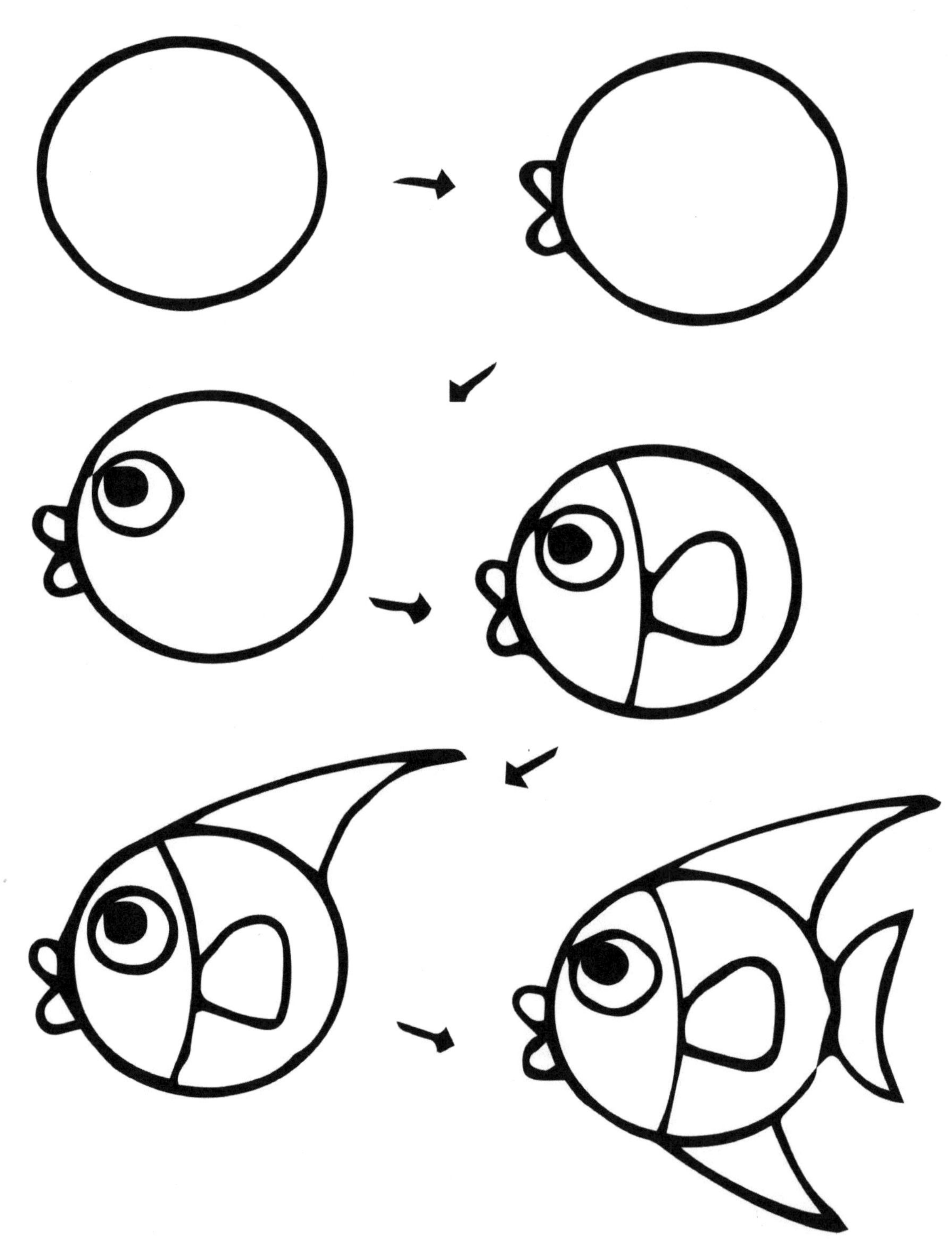

YOU DRAW

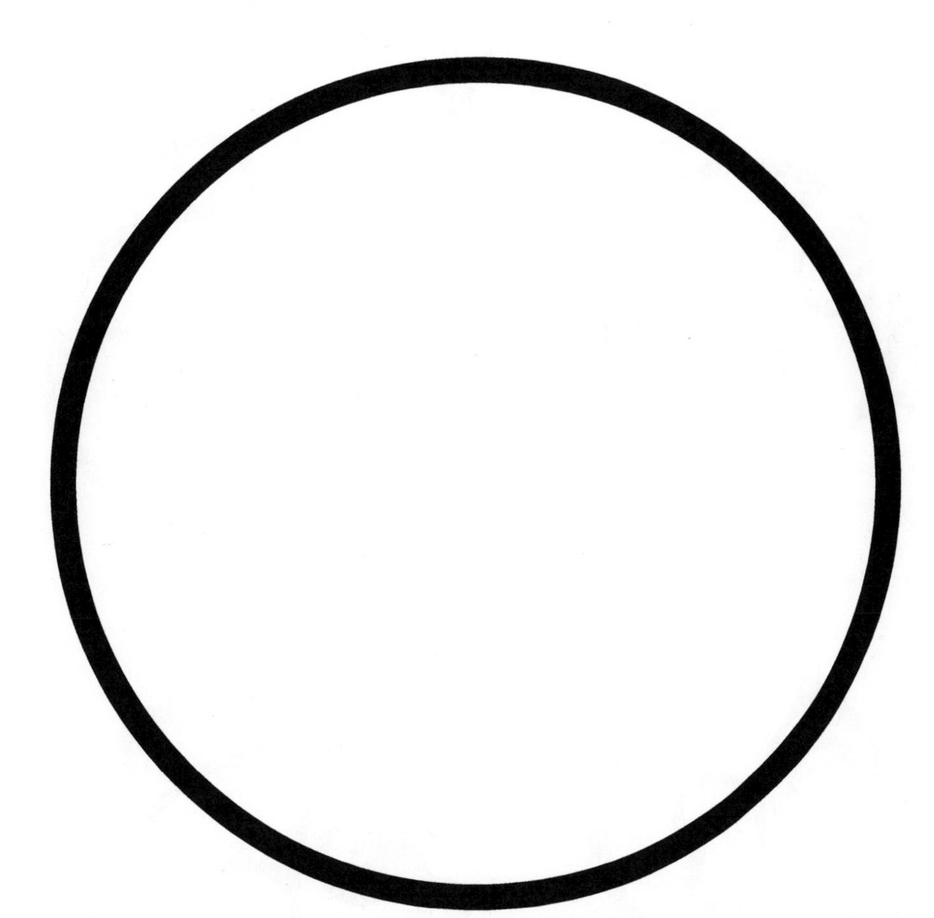

HOW TO DRAW GOLDFISH

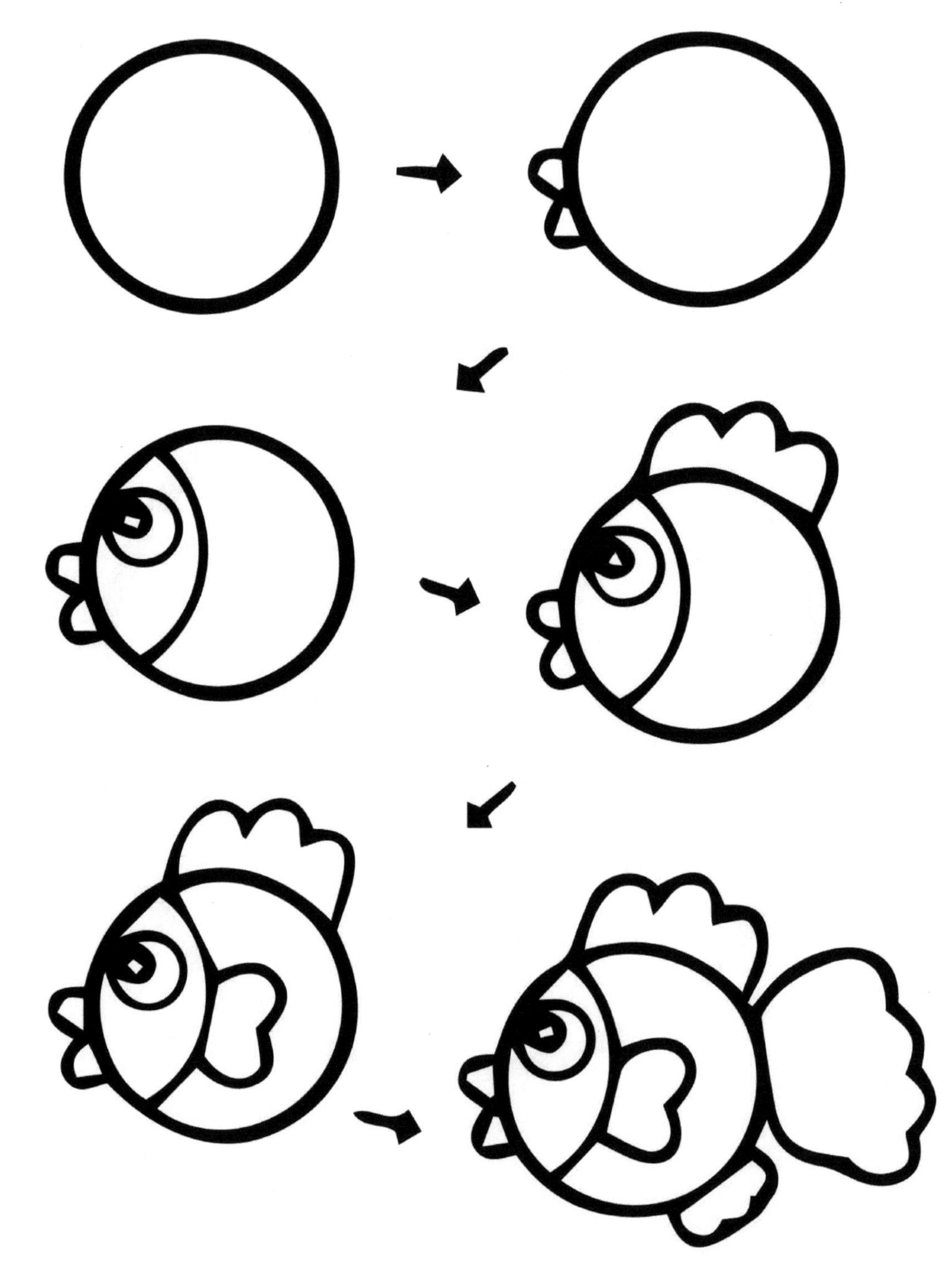

YOU DRAW

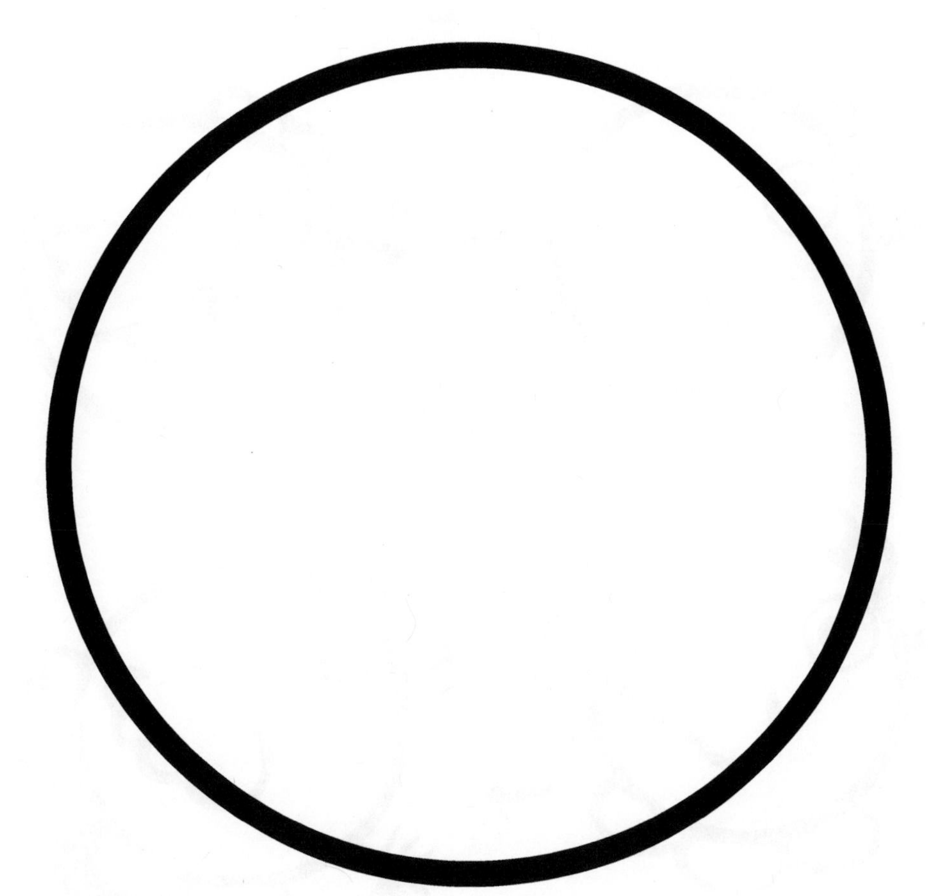

HOW TO DRAW HEN

YOU DRAW

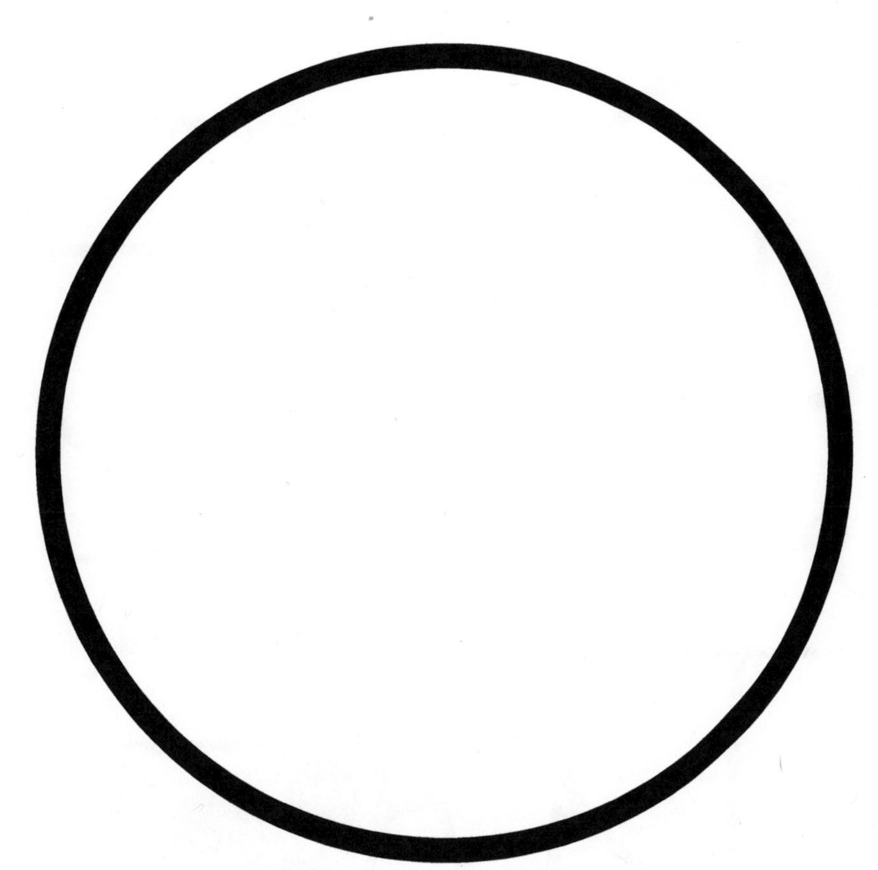

HOW TO DRAW LADYBUG

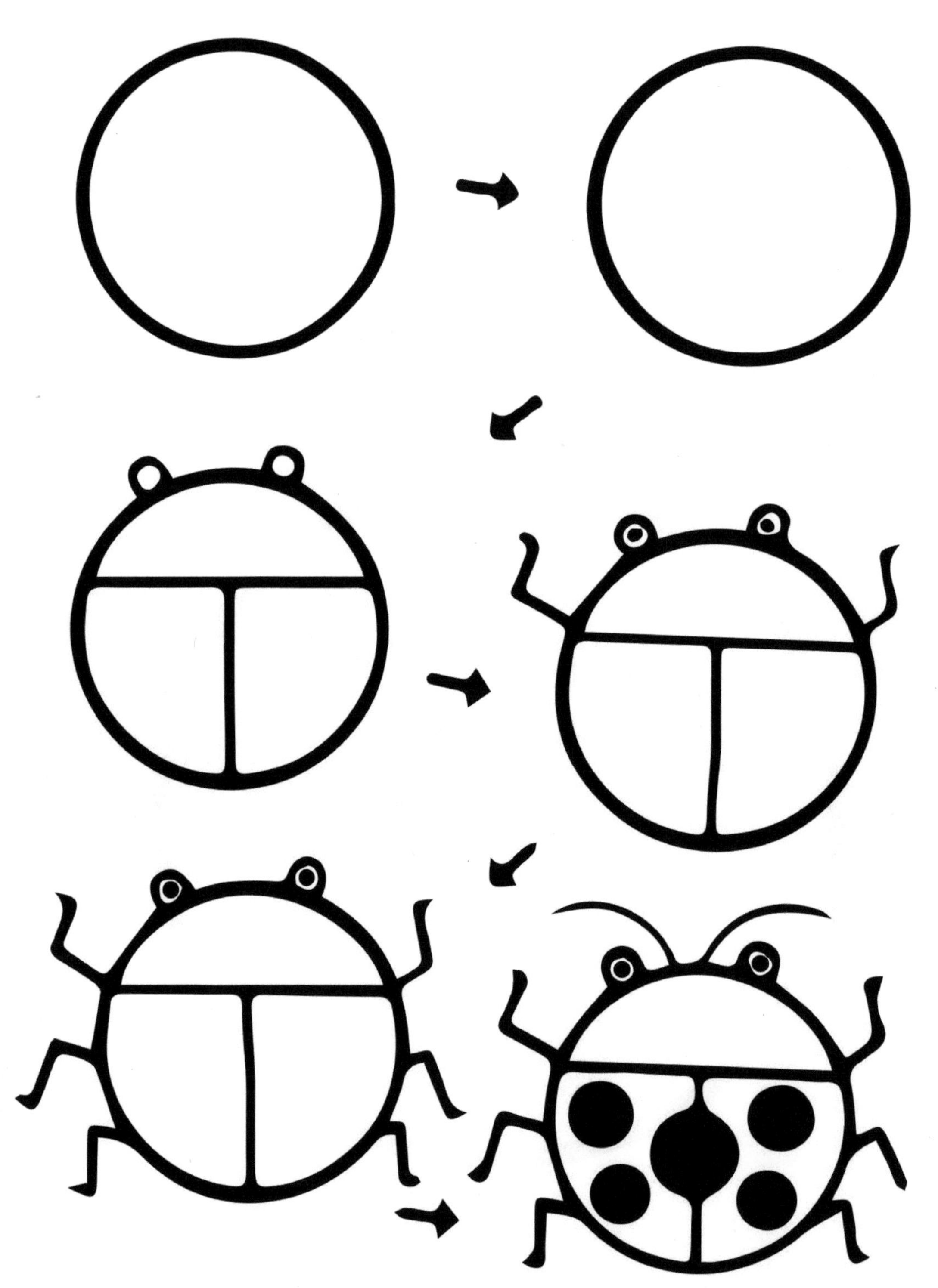

YOU DRAW

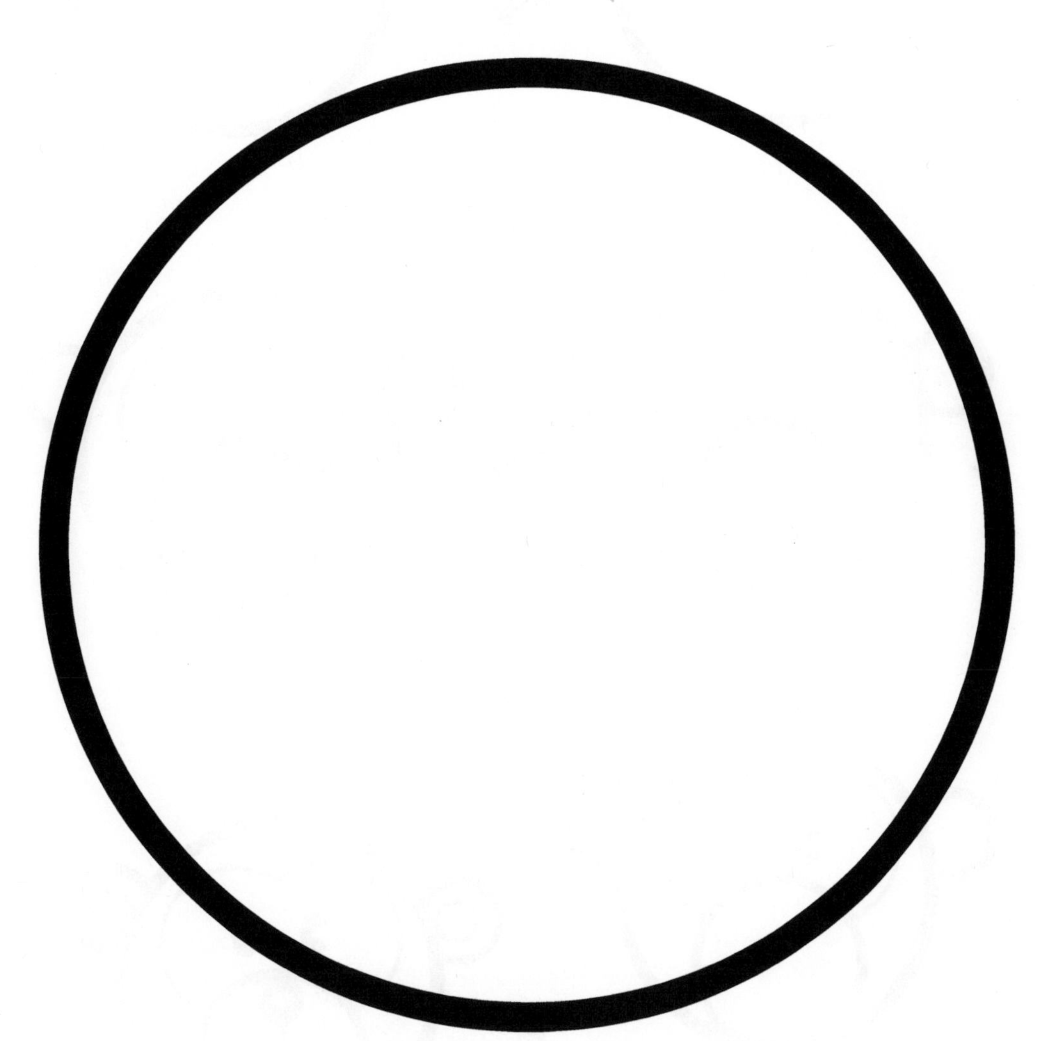

HOW TO DRAW MONKEY

YOU DRAW

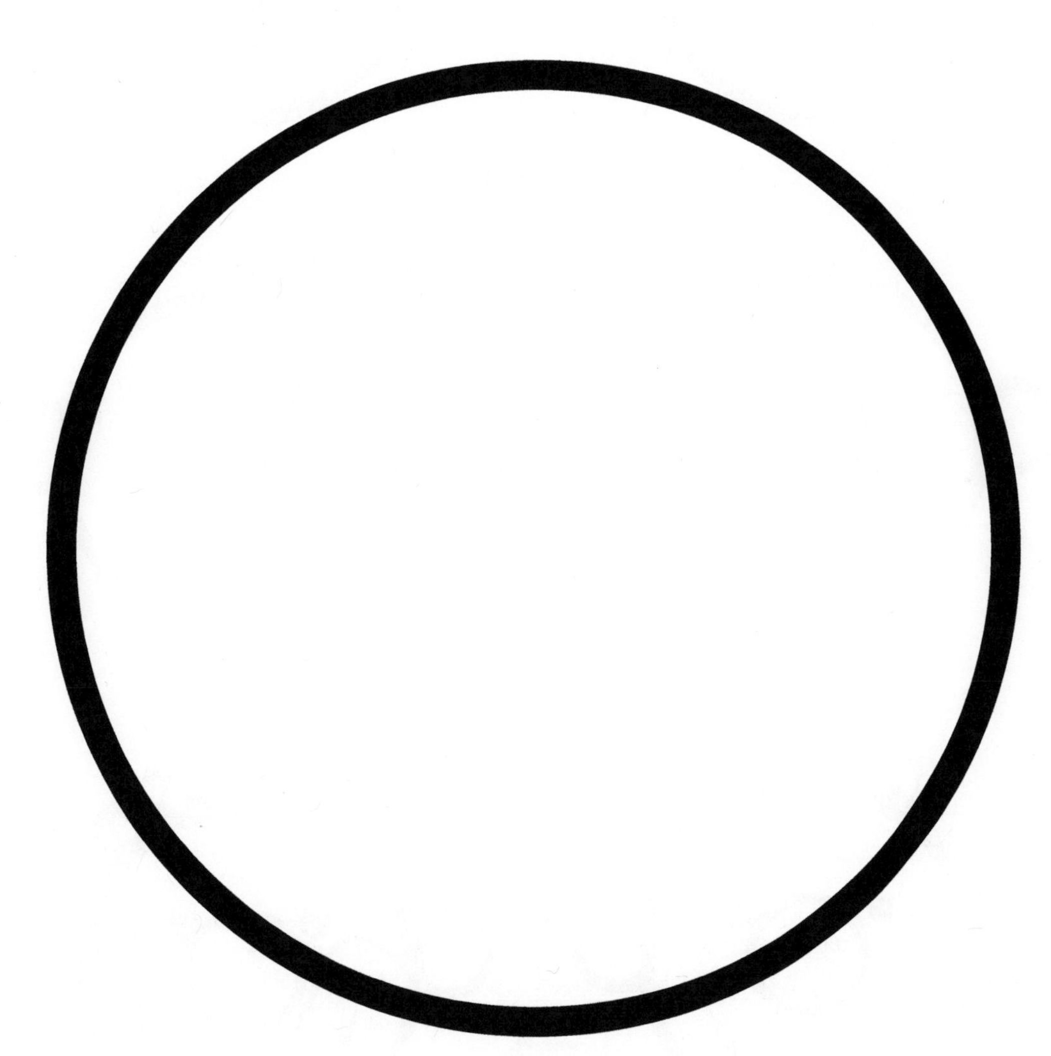

HOW TO DRAW NATIVE

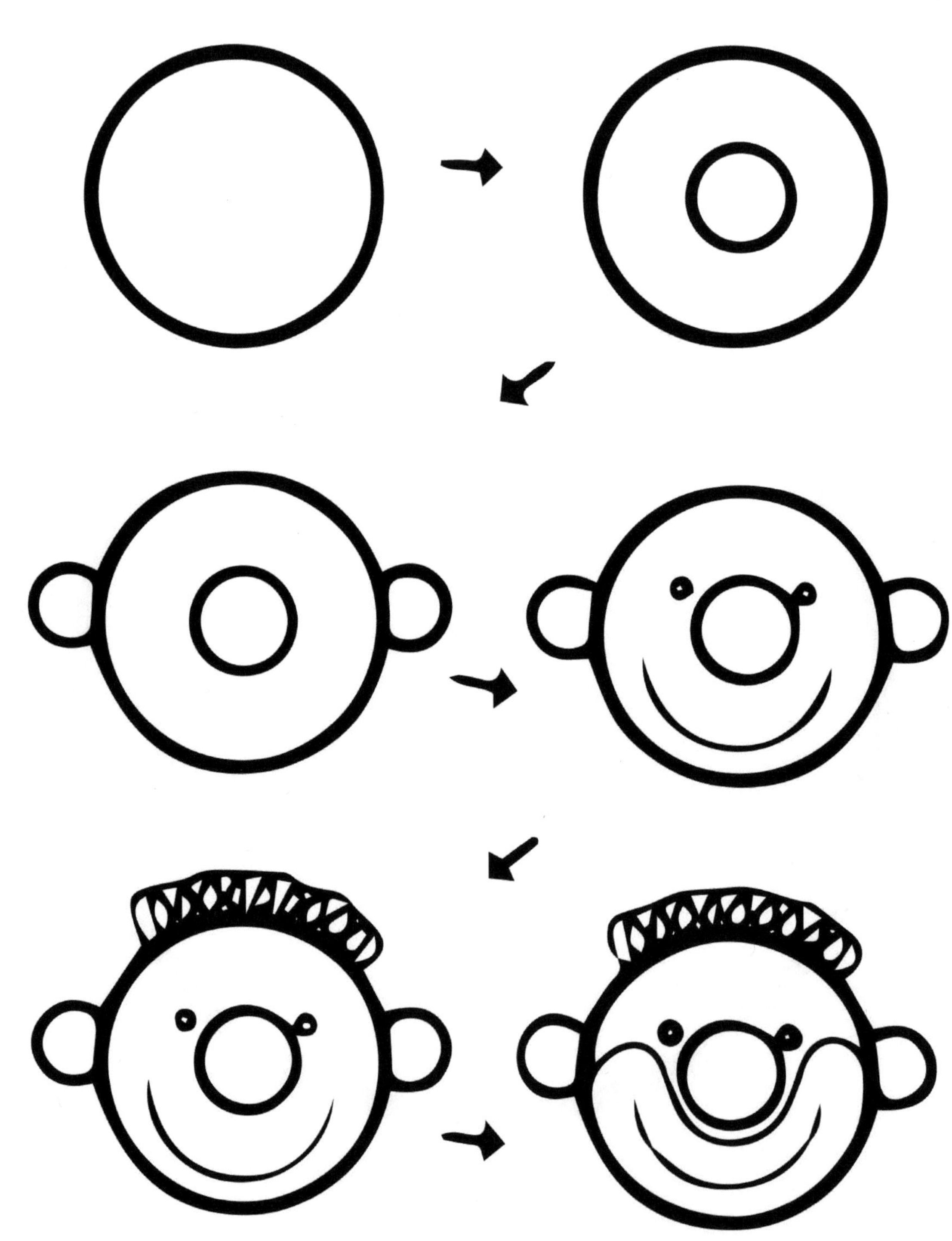

YOU DRAW

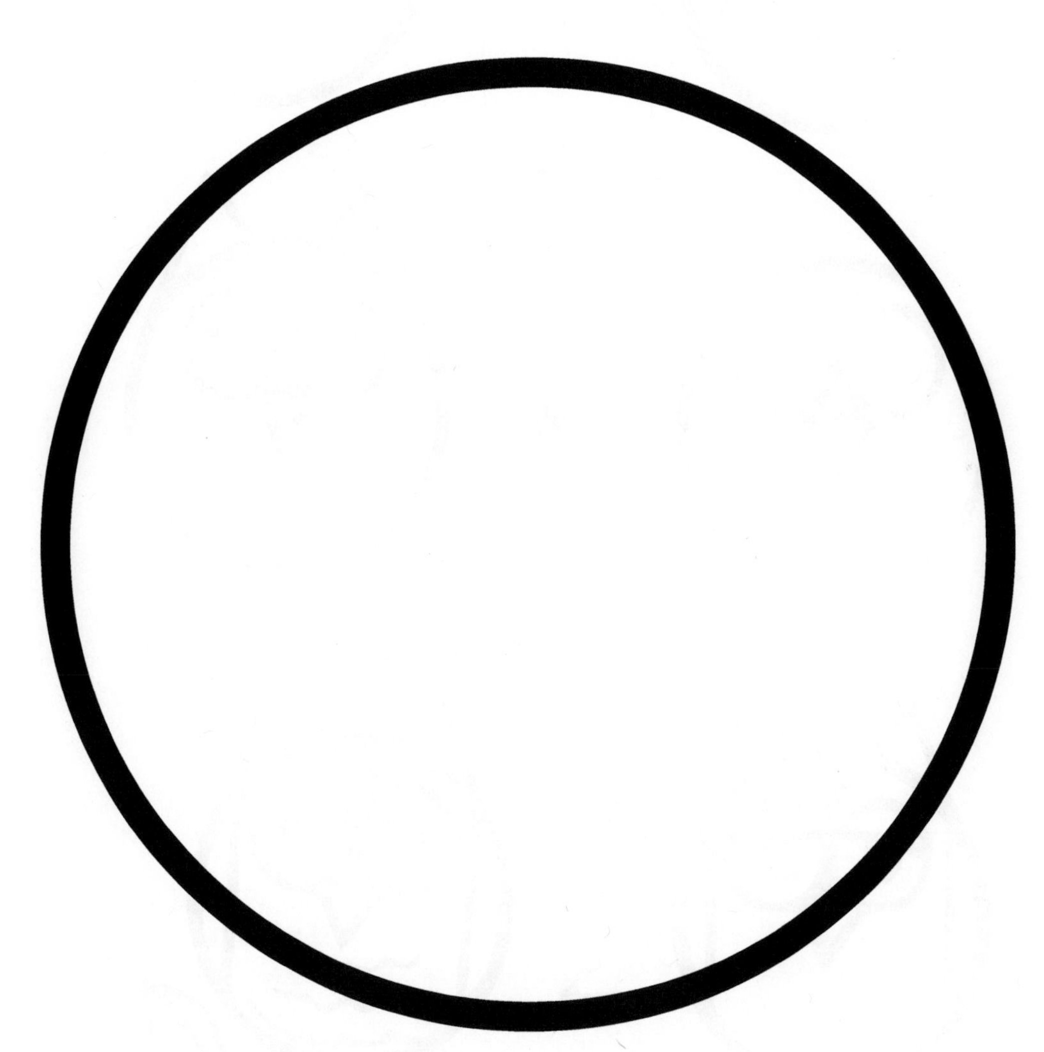

HOW TO DRAW OWL

YOU DRAW

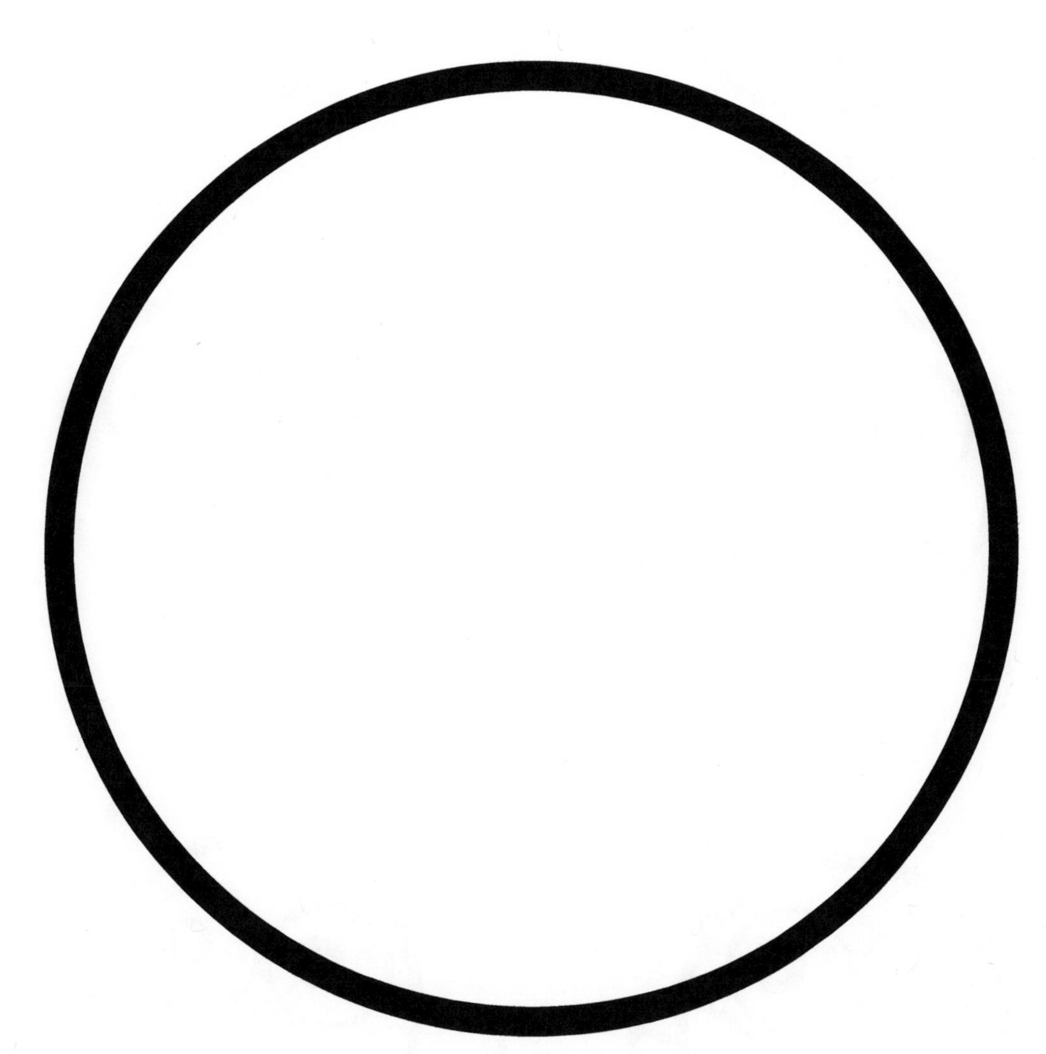

HOW TO DRAW OWL

YOU DRAW

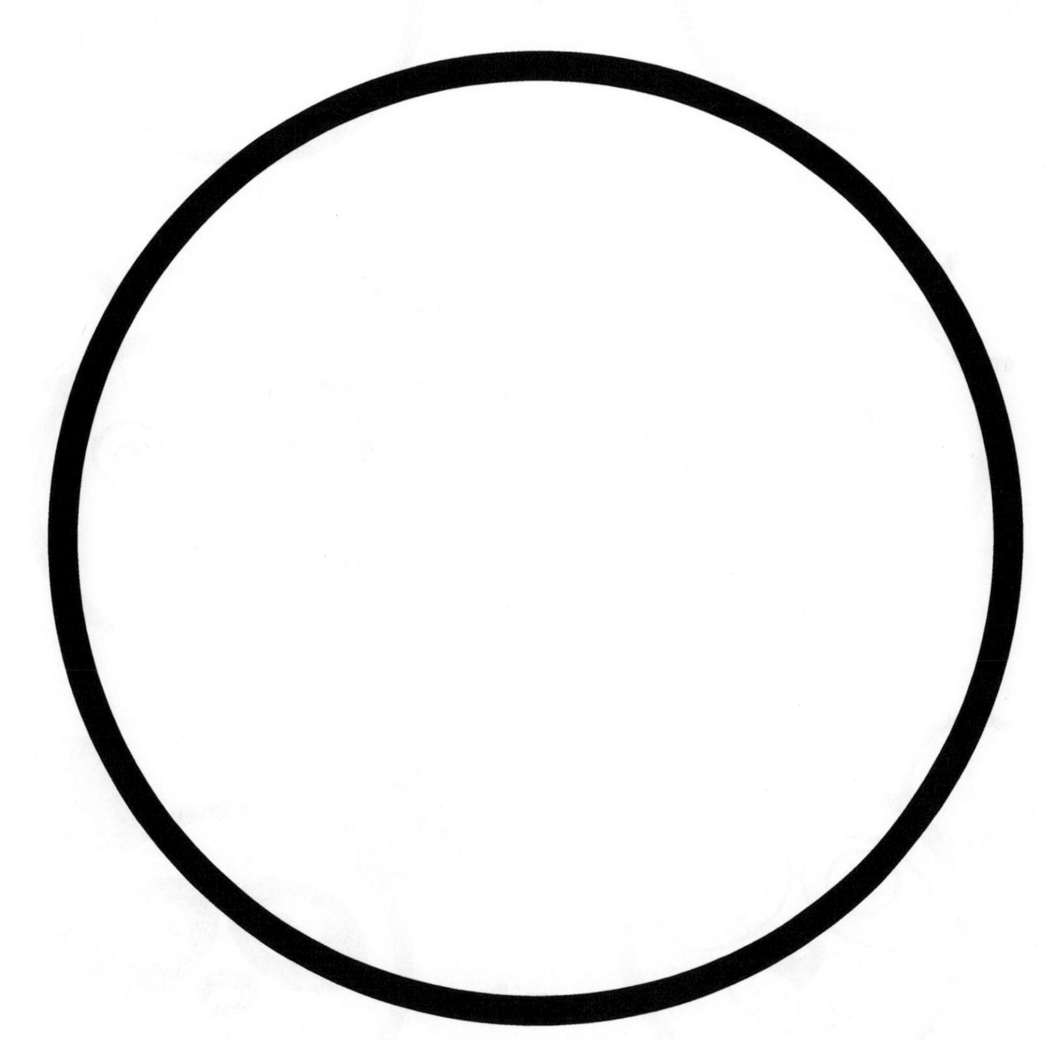

HOW TO DRAW PANDA

YOU DRAW

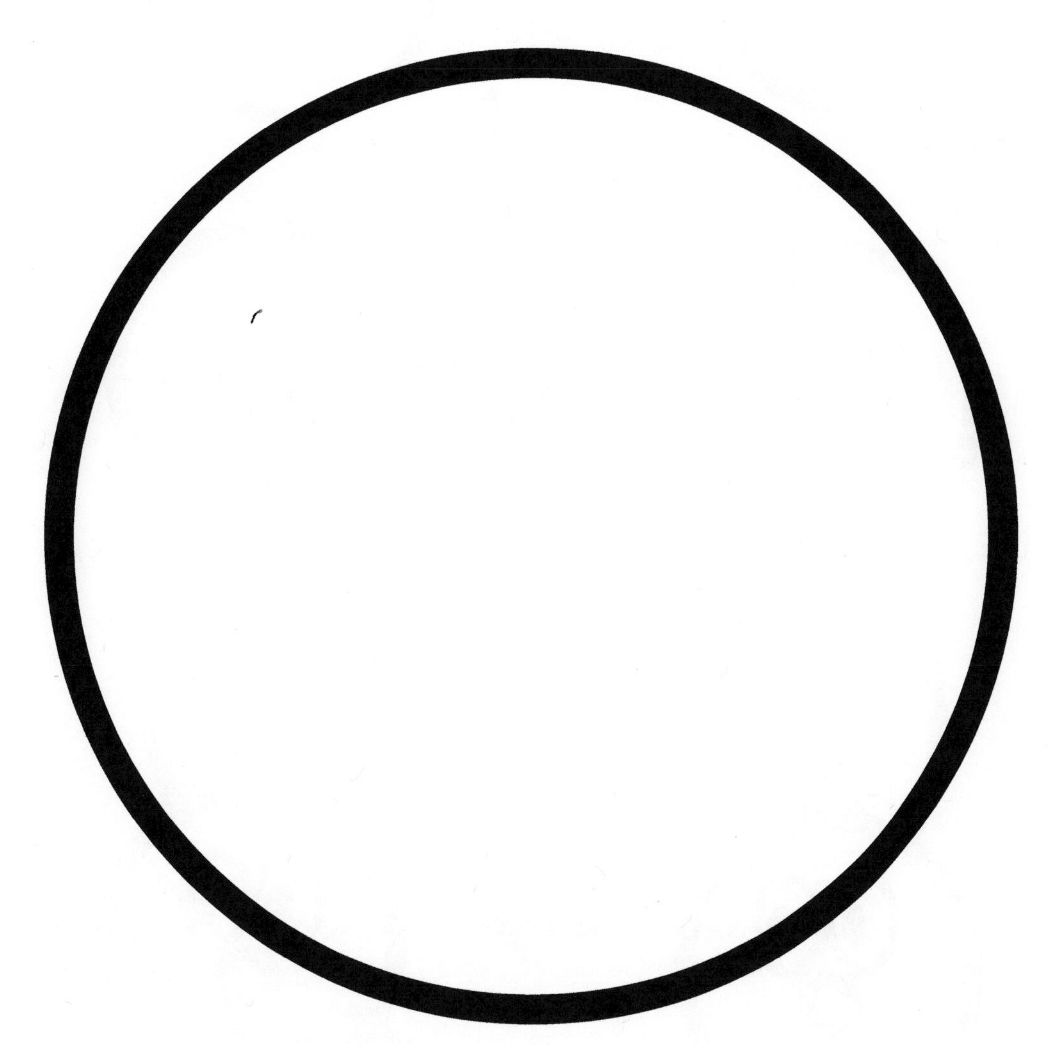

HOW TO DRAW RABBIT

YOU DRAW

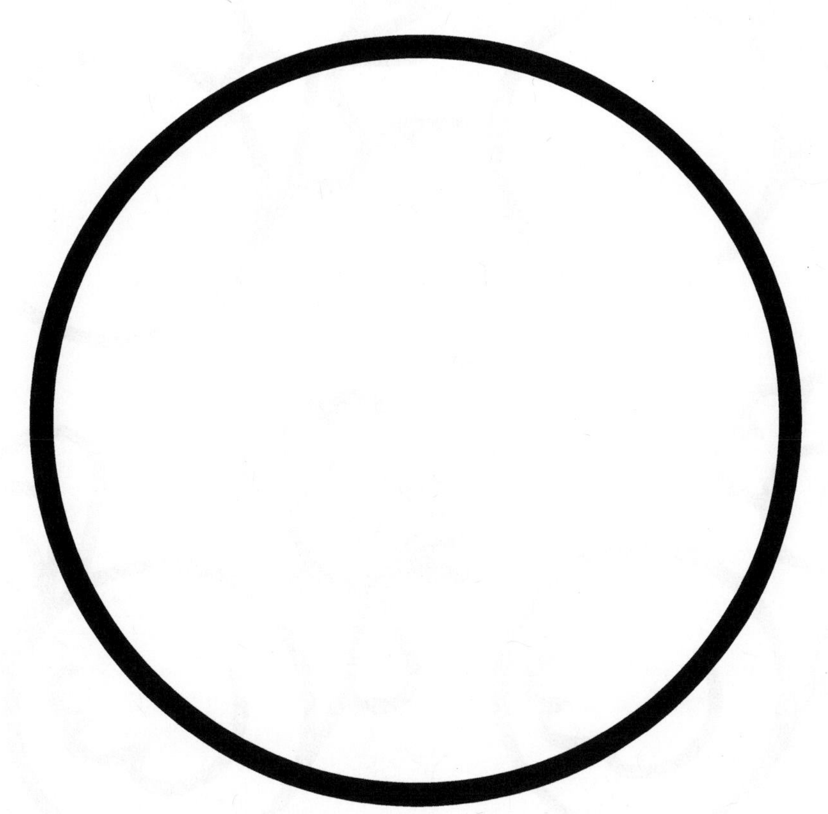

HOW TO DRAW ROOSTER

YOU DRAW

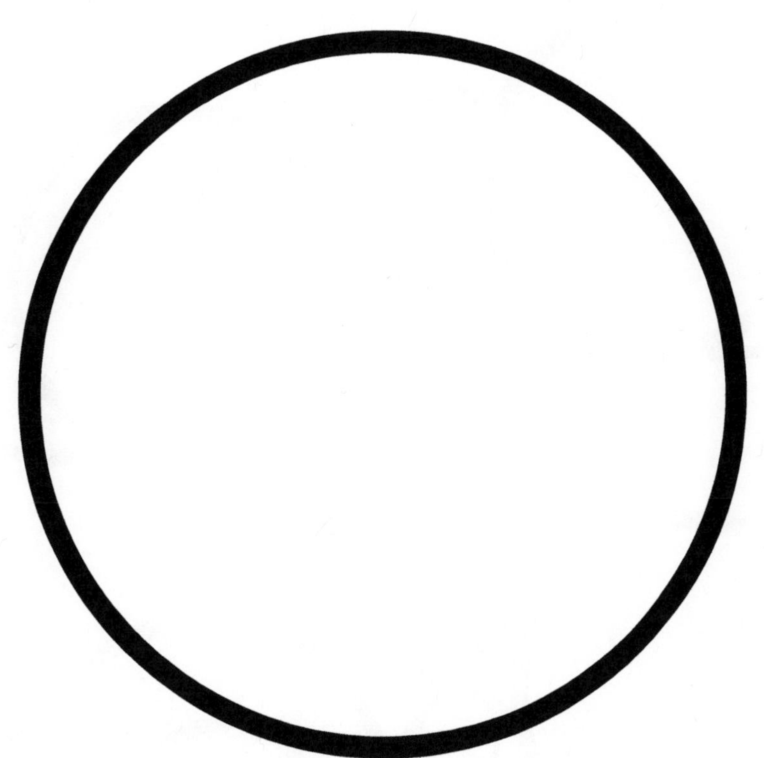

HOW TO DRAW SNAIL

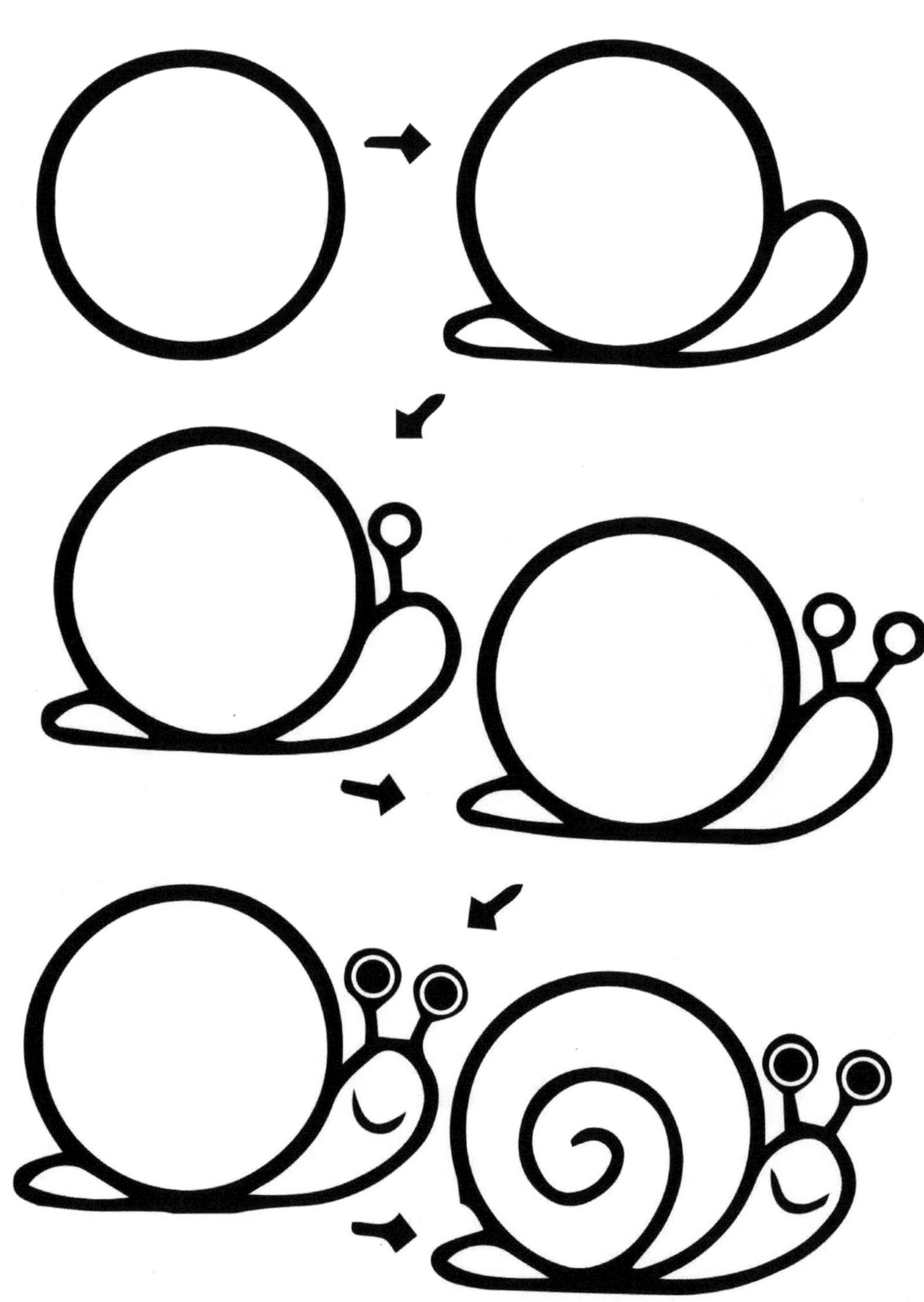

YOU DRAW

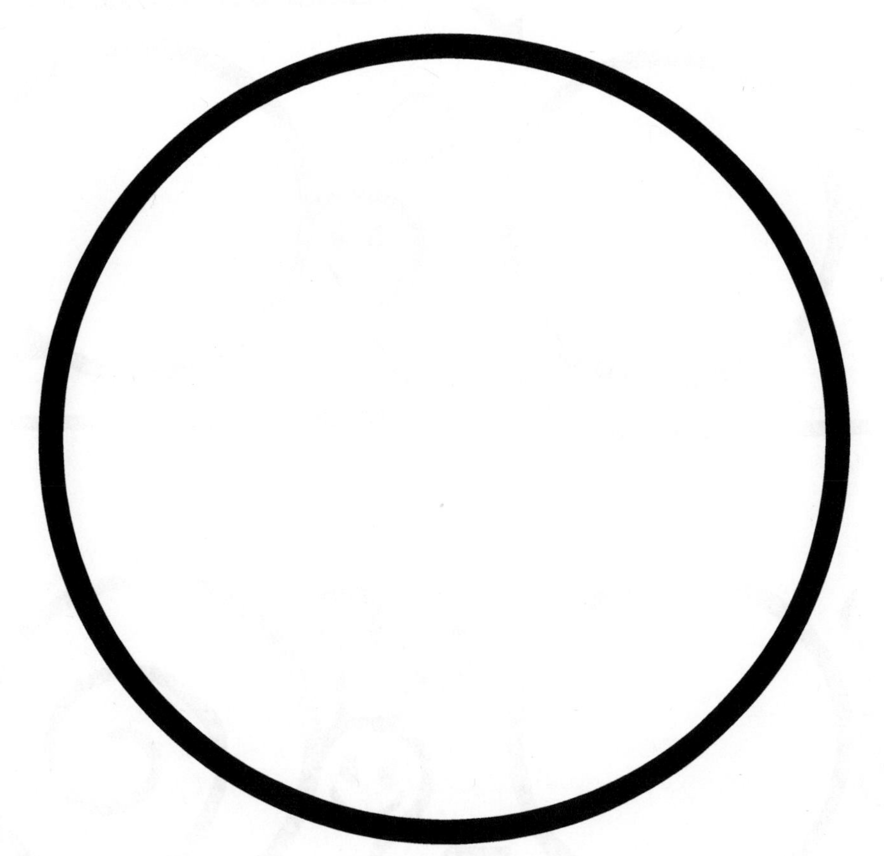

HOW TO DRAW SNAIL

YOU DRAW

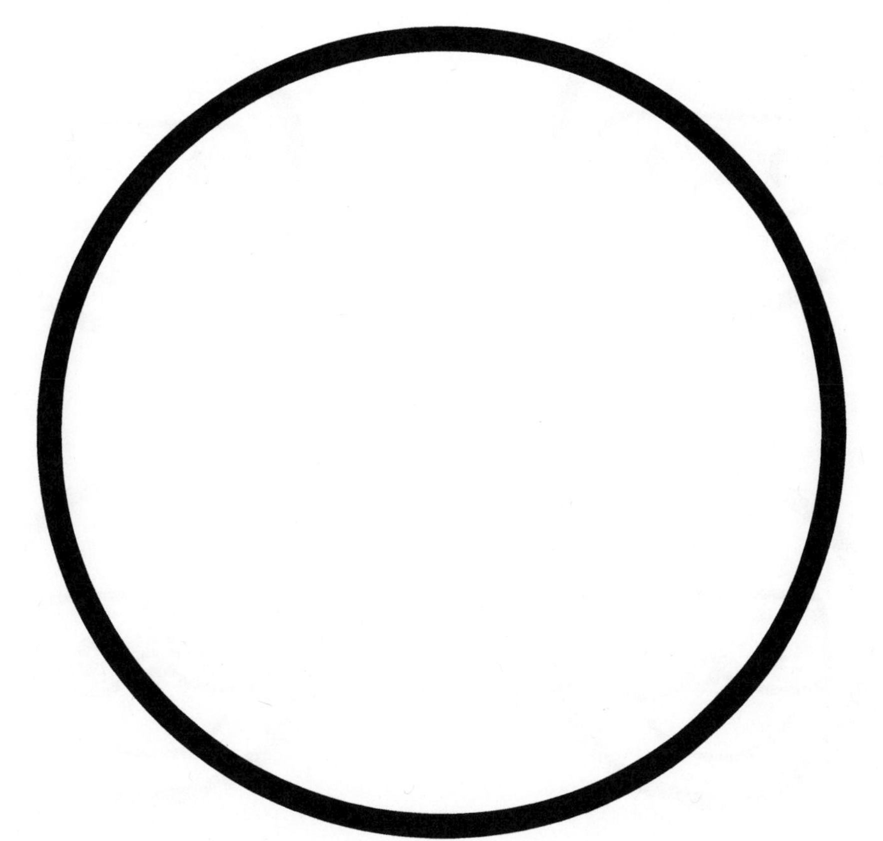

HOW TO DRAW SOLDIER

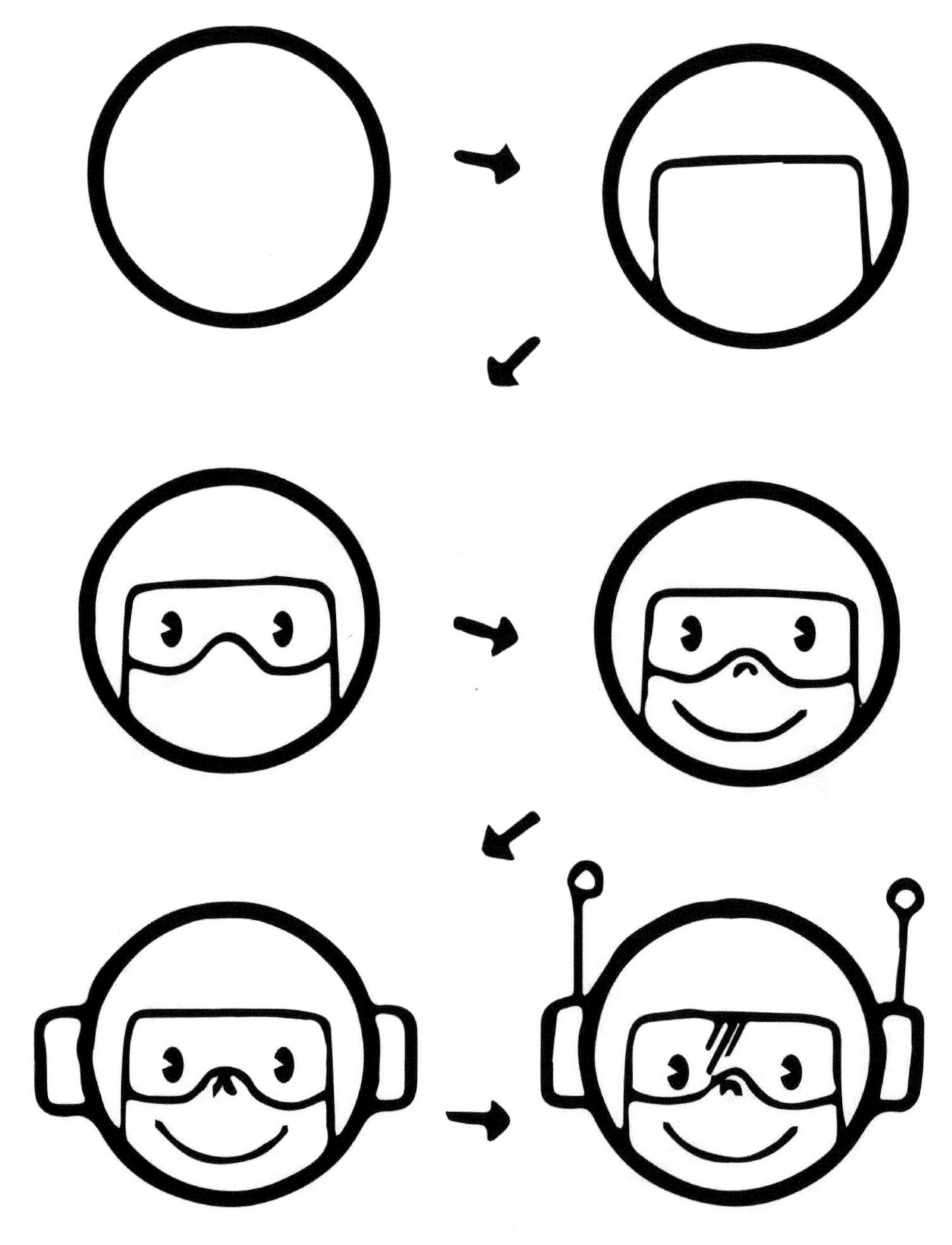

YOU DRAW

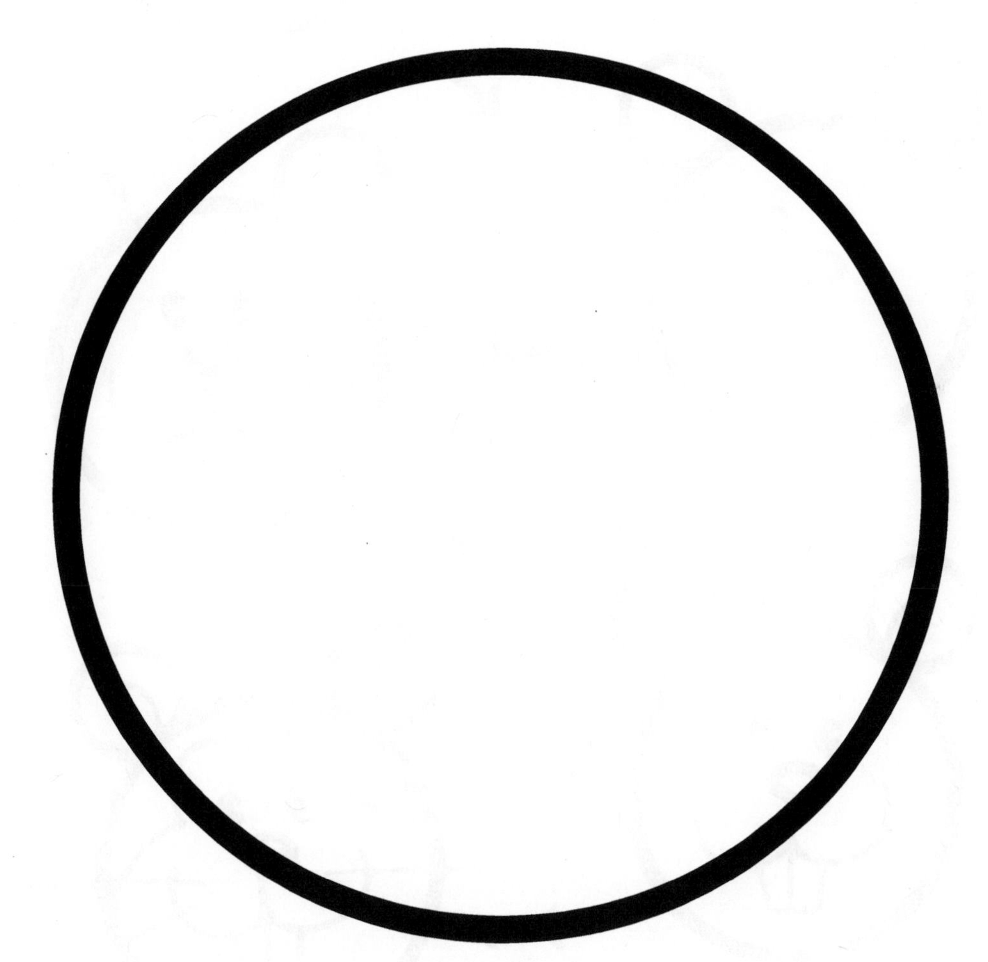

HOW TO DRAW SQUIRREL

YOU DRAW

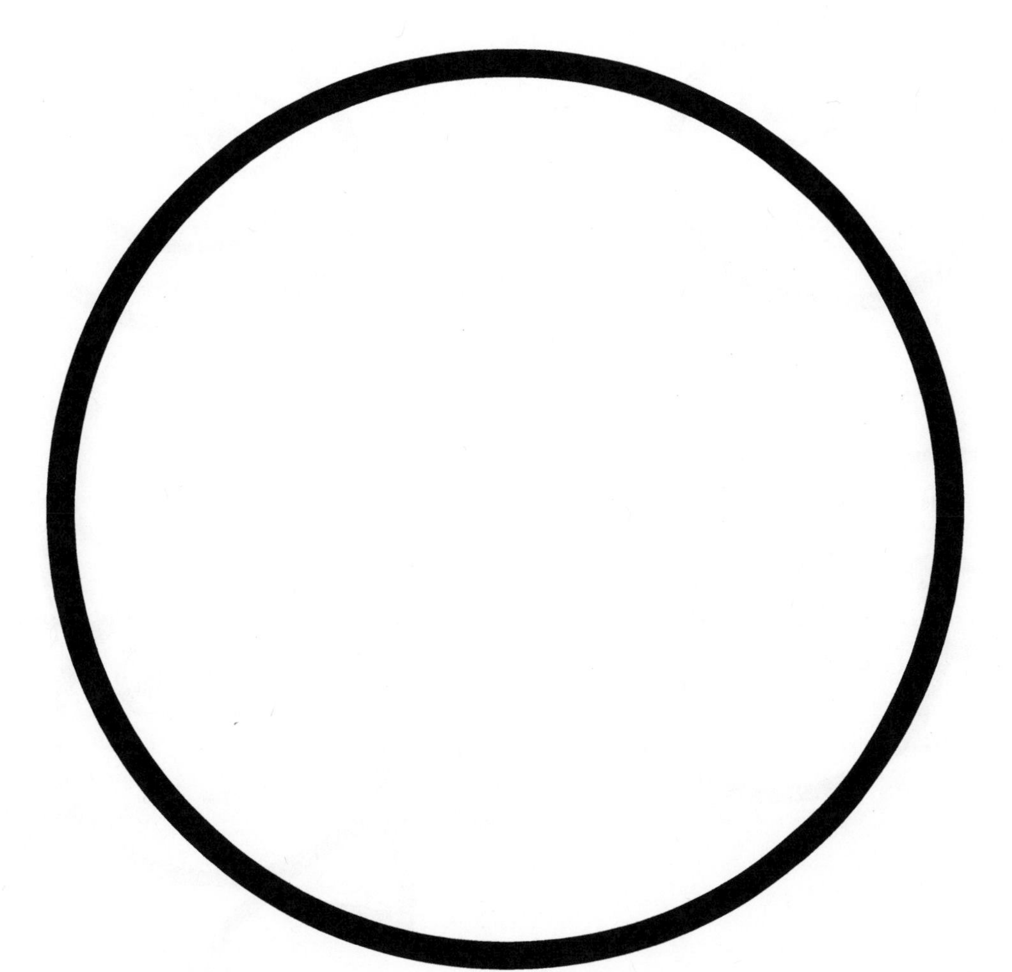

HOW TO DRAW SUN

YOU DRAW

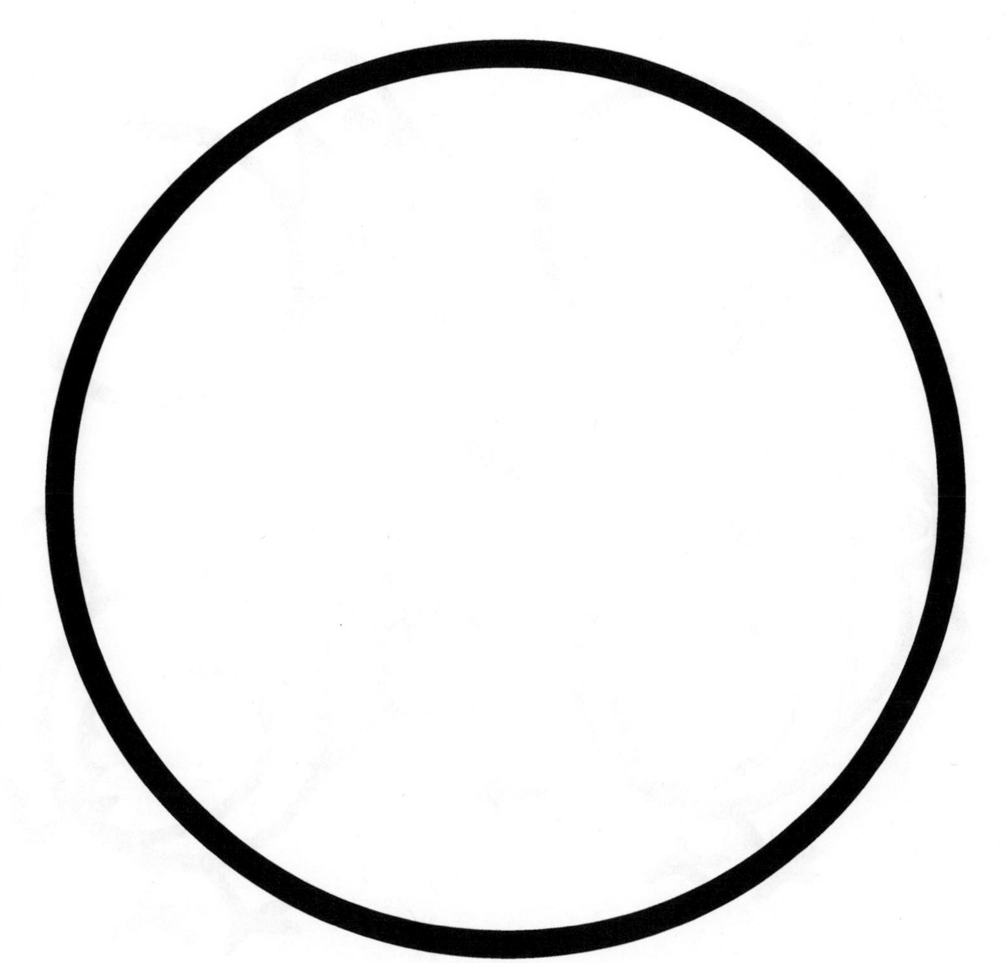

HOW TO DRAW TURKEY

YOU DRAW

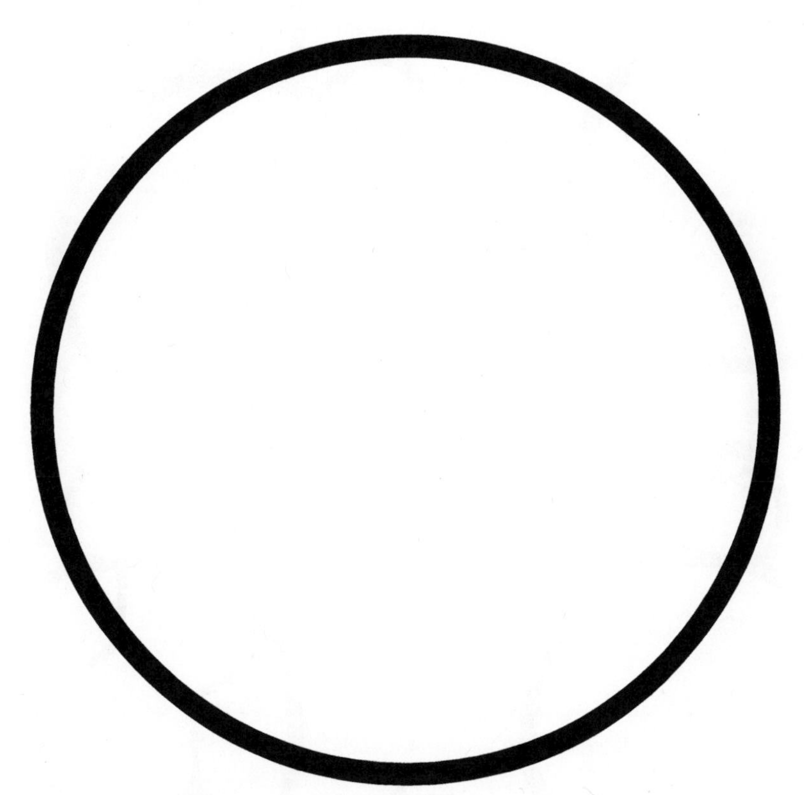

HOW TO DRAW TURTLE

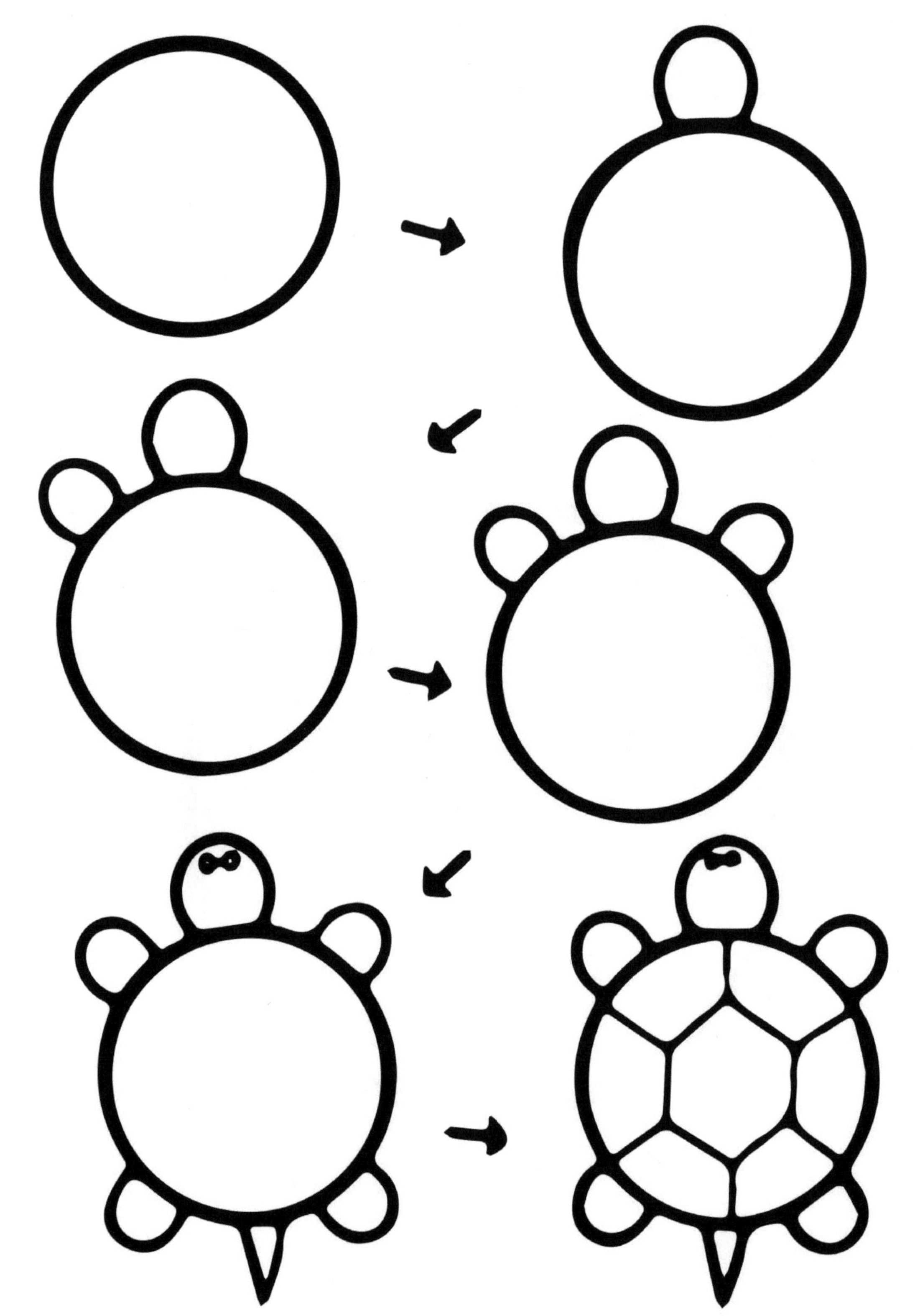

YOU DRAW

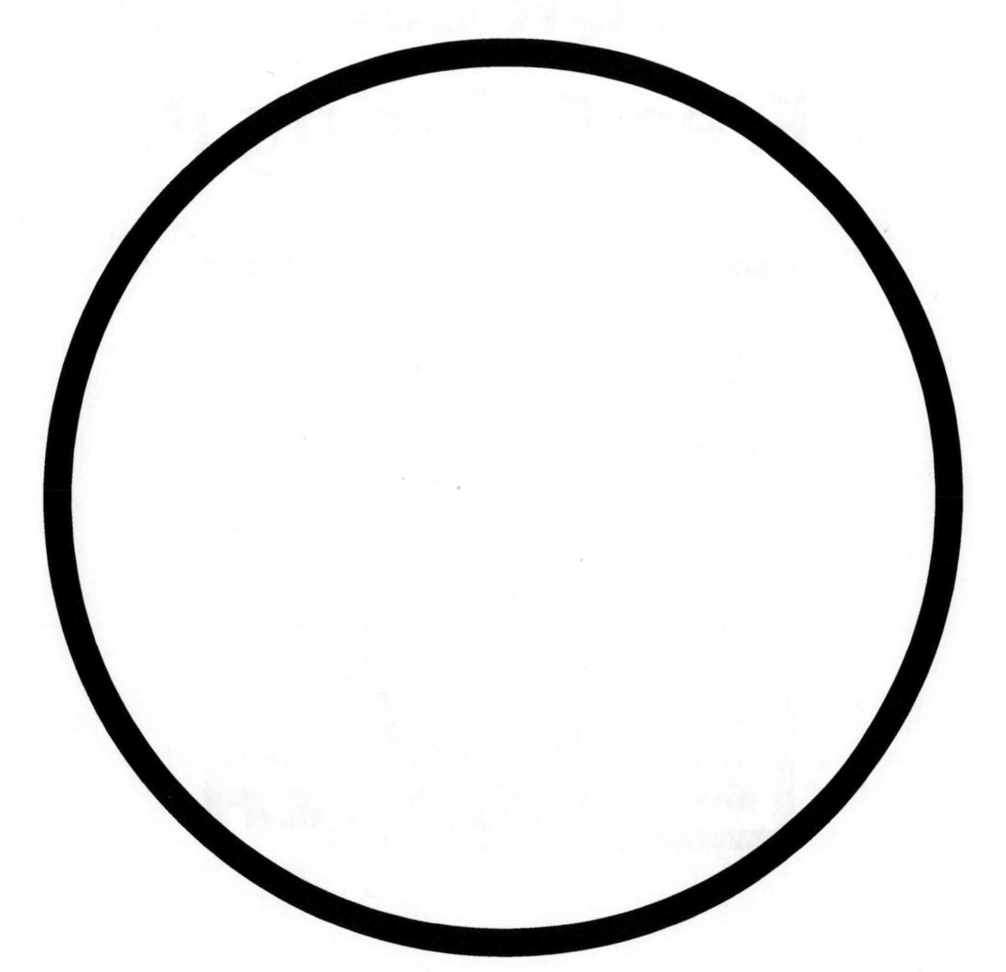

THANK YOU FOR YOUR PURCHASE

Scan the QR Code to Get your Free Coloring Pages

Printed by Libri Plureos GmbH in Hamburg,
Germany